坐過龍椅的都來_宇宙第一群（422）

朕來了！
皇帝尬聊室

趣哥——著

地球觀 67

坐過龍椅的都來_宇宙第一群（422）

朕來了！
皇帝尬聊室

作　者　趣哥

野人文化股份有限公司

社　　長	張瑩瑩
總 編 輯	蔡麗真
副 主 編	徐子涵
責任編輯	余文馨
協力編輯	劉子韻
校　　對	林昌榮
行銷企劃經理	林麗紅
行銷企劃	蔡逸萱、李映柔
封面設計	萬勝安
美術設計	洪素貞、許庭瑄

出　　版	野人文化股份有限公司
發　　行	遠足文化事業股份有限公司（讀書共和國出版集團）
	地址：231 新北市新店區民權路 108-2 號 9 樓
	電話：（02）2218-1417　傳真：（02）8667-1065
	電子信箱：service@bookrep.com.tw
	網址：www.bookrep.com.tw
	郵撥帳號：19504465 遠足文化事業股份有限公司
	客服專線：0800-221-029
法律顧問	華洋法律事務所　蘇文生律師
印　　製	凱林彩印股份有限公司
初版首刷	2022 年 02 月
初版 7 刷	2024 年 07 月

ISBN 978-986-384-627-7（平裝）
ISBN 978-986-384-628-4（EPUB）
ISBN 978-986-384-629-1（PDF）

國家圖書館出版品預行編目（CIP）資料

朕來了！皇帝尬聊室：坐過龍椅的都來 _ 宇宙第
一群 (422)/ 趣哥著 . -- 初版 . -- 新北市：野人文化
股份有限公司出版：遠足文化事業股份有限公司
發行，2022.02
　　面；　公分 . -- (地球觀；67)
ISBN 978-986-384-627-7（平裝）
1. 中國史 2. 帝王 3. 通俗作品

610　　　　　　　　　　　　　110019163

朕來了！皇帝尬聊室

野人文化　　野人文化　　線上讀者回函專用
官方網頁　　讀者回函　　QR CODE，你的寶
　　　　　　　　　　　　貴意見，將是我們
　　　　　　　　　　　　進步的最大動力。

目次

第一章

始建群

從秦始皇開始算起，到清朝最後一任皇帝溥儀為止，
在這2000多年的時間裡，中國總共出現過422位皇帝。

那麼，一個腦洞大開的問題來了，
如果把他們全部拉進一個群組裡，
這些皇帝會聊些什麼呢？

大家來感受一下他們的聊天畫面。

嬴政
我的天,我大秦已經有421代皇帝了嗎?

劉邦
大哥,你先看看姓氏再發言啊!

嬴政
你是?

劉邦
我是沛縣的劉季,本來是一個小亭長,後來「大風起兮雲飛揚」,我創立了大漢。

嬴政
我大秦傳了幾代?

劉徹
只有兩代。

劉徹
胡亥竄改聖旨搶了扶蘇的位置,結果三年就把秦朝糟蹋完了。

嬴政

嬴政
這個坑爹的東西,真是坑到家了。 *

胡亥被移出了聊天室

✐ 秦始皇嬴政,是中國歷史上的第一位皇帝,也是宇宙第一群的群主。

✐ 漢高祖劉邦,是漢朝的開國皇帝,年齡只比秦始皇小3歲,雖然他們是秦和漢的開國皇帝,但他們真的是同時代的人。

✐ 扶蘇是秦始皇的長子,也是秦始皇原本屬意的繼承人,因為直言犯諫,被始皇帝派到北部邊境修築長城。但在秦始皇死後,始皇的第十八個兒子,也就是胡亥,和臣子趙高聯合竄改聖旨,逼死扶蘇,並把三十幾個親手足全殺了(真實的歷史好殘酷)。

*坑爹:坑是欺瞞、詐騙之意,原意是「連父親都可以欺騙,還有誰不能騙?」用來表達心中不滿,抱怨他人欺瞞的口頭語。

胡亥被移出了群組，群組人數變成421。

胡亥剛進群就被踢出群，傳說中的活不過一集。

隋朝傳兩代：隋文帝楊
堅、隋煬帝楊廣。

蜀漢傳兩代：劉備、劉
禪。

王莽篡西漢，建立了新
朝，但隨即被劉秀滅了，
劉秀建立了東漢。

接下來是接力模式，郭威
把皇位傳給了姪子柴榮，
柴榮再傳給兒子柴宗訓，
但柴宗訓不給力，於是趙
匡胤被屬下黃袍加身，建
立了宋朝。趙匡胤後，他
的弟弟趙光義繼承了皇位
（這一段操作真令人眼花
繚亂）。

宇宙第一群(421)

嬴政
二世而亡，群裡還有比我更慘的嗎？

楊堅
＋1。我們大隋也是亡於二世。

劉備
＋1。我們也只傳了兩代。

王莽
＋1。我們新朝只有我這一代。

郭威
＋1。我的皇位傳給我姪子了。

柴榮
姑丈對不起，姓趙的那小子不厚道。

趙匡胤
咳咳，柴老闆，您的兒子不中用，天下應該由我來擔。

趙光義
大哥，您說得非常對。那什麼，您兒子，就是我家大姪兒，也不中用，所以我也自己來了。

李世民
支持趙光義，反對嫡長子繼承制。

朱棣Judy
支持趙光義，反對嫡長子繼承制。

劉備
樓上洋氣，還有英文名！

趙匡胤
不愧是出使西洋過的王朝，優秀。

王莽
怎麼聽起來是女孩子的名字？

朱棣Judy
我不和低EQ的人說話！@王莽

✎ 李世民和朱棣都不是嫡長子，卻繼承了皇位，所以在群組裡反對嫡長子繼承制。

✎ 鄭和下西洋是朱棣時期的事情，所以朱棣王朝是出使西洋過的王朝。

.ıl ∞ % 🔋

‹ 宇宙第一群(421) ...

曹操
抱歉打斷一下，為什麼我會在這個群組？

曹丕
老爹，是我拉你入群的。劉協把位子讓給我之後，我追封你為魏武帝了！

曹操
好的，我知道了。

✎ 曹操最出名的事蹟是「挾天子以令諸侯」，但是他活著的時候並沒有稱帝。曹丕讓漢獻帝劉協讓位之後，曹操被追封為魏武帝。

司馬懿和曹操的操作手法幾乎一樣，他們活著的時候都沒有稱帝過。漢獻帝劉協讓位給了曹魏，然後曹魏又讓位給了司馬炎。所以說「天道好輪迴，蒼天饒過誰」……

 曹操
你也在群裡？@司馬懿

 曹操
我的天，群組裡怎麼這麼多司馬？

 曹操
@司馬懿 你別裝死，你給我出來！

 司馬懿
老大，我活著的時候可是啥都沒幹，我是被人拉進來的……

 曹操
我信你個鬼，你這糟老頭子，果然壞得很！

 劉協
天道好輪迴啊，蒼天饒過誰！

司馬炎

@司馬懿 爺爺別害怕啊！我們可是大一統的王朝，而且是我結束了漢末以來的分裂喲！

曹丕

是誰在狂妄地吹牛，好刺耳啊！

楊堅

那個……我說晉朝是所有朝代裡最亂的，沒人反對吧？

嬴政

+1

劉邦

+1

曹操

+1

劉備

+1

李世民

+1

趙匡胤

+1

朱元璋

+1

晉武帝司馬炎（司馬懿的孫子）統一了全國，結束了東漢末年三國分立的局面。

玄燁
＋10000

司馬衷
@楊堅 我勸你喝點肉粥！

司馬衷是著名的「弱智」皇帝，「何不食肉糜」是他的名言（翻譯：為什麼不喝點肉粥？）。

楊廣
身為群組裡IQ最低的人，請不要說話，OK？

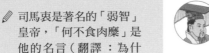

李淵
@楊廣 作為群組裡被黑得最慘的人，表弟，我勸你善良一點！

李世民
謝謝姨丈@楊堅 和表叔@楊廣 為我們大唐打下的基礎。

隋朝和唐朝，是兩個有親戚關係的王朝。楊堅（隋朝創始人）是李淵（唐朝創始人）的姨丈，李淵是楊廣（楊堅的兒子）的表哥，楊廣是李世民（李淵的兒子）的表叔，隋煬帝楊廣以口碑不好著稱。

楊堅
我沒有你們這兩個親戚！

武則天
老公～～

李治
是公公……

李世民
你是不是進錯群組了？ @武則天

 溥儀
太宗，沒進錯，她是群裡唯一的女帝。

 李世民
這究竟是怎麼回事？

 溥儀
你們的家事，還是你們家裡人來說吧！

 李世民
李治，你給我解釋一下！

 李治
老爸，後面的事情我也不知道……

 李隆基
曾祖父，容我用語音跟您解釋一下。

✎ 武則天最初是李世民的嬪妃，後來成了李治的皇后，再後來就成了唯一的女皇帝了。

唐中宗李顯，擁有一家老少都當上皇帝的家庭。爺爺：唐太宗李世民、爸爸：唐高宗李治、媽媽：一代女皇武則天、兒子：唐少帝李重茂、弟弟：唐睿宗李旦、姪子：唐玄宗李隆基。這陣容，堪稱「六位帝皇丸」*了。

李顯

爺爺、爸、媽、兒子、弟弟、姪子，你們都在啊？

朱厚照

厲害了，一家人都在這個群組裡。

趙光義

666，史上最強全家餐！

陳叔寶

惹不起，惹不起！

朱祁鎮

這實力想低調都難！

司馬衷

大哥喝碗肉粥。

劉禪是「樂不思蜀」這個成語的主角，蜀漢被魏滅了之後，劉禪到了魏國，司馬昭問他思不思念蜀國，劉禪說：「此間樂，不思蜀。」

劉禪

哈哈哈哈，笑死我了，這個群組裡個個都是人才，說話又好聽，超喜歡這裡的，我都不想回蜀國了。

*六位帝皇丸：是中藥裡常用來滋陰補腎的藥方「六味地黃丸」諧音。

朱允炆

真心羨慕樓上的「全家餐」，不像我，群組裡只有我爺爺一個家人。

朱元璋

怎麼了？允炆？

朱允炆

爺爺，我⋯⋯

朱元璋

是誰欺負你了嗎？

乾隆

還能有誰，他四叔唄，把他位置搶了。

嬴政

哈哈哈哈， @朱元璋 體會到我的心情了沒？

朱元璋

朱棣，你出來解釋一下。

朱棣Judy

老爹，允炆下落不明，我也是迫不得已才繼承皇位的。我還專門開了一齣《允炆去哪兒》的節目，在全國範圍內尋找允炆呢！

楊堅

居然有人能把搶位子說得這麼清新脫俗⋯⋯

朱允炆是朱元璋的孫子，也是明朝的第二位皇帝。後來朱棣發動靖難之變，搶了朱允炆的皇位，朱允炆就下落不明了。

朱棣後來派人四處尋訪朱允炆的蹤跡，始終沒有消息，鄭和下西洋的起因，據說也是到海外尋找朱允炆。

秦始皇指名的繼承人是扶蘇，後來被胡亥搶了；朱元璋指定的繼承人是朱允炆，後來被朱棣搶了。所以在這一點上，他們的心情應該很相似。

朱棣是朱元璋的第四個兒子，是朱允炆的四叔。

雍正
居然有人能把搶位子說得這麼清新脫
俗⋯⋯

李世民
居然有人能把搶位子說得這麼清新脫
俗⋯⋯

特別感謝皇甫義、項羽對本集部分內容和創意提供支持！

第二章

搶紅包

上一集中，胡亥敗家惹怒嬴政，被踢出了群組，
所以現在群組裡的人數是421人。

劉邦在群組裡慫恿別人發紅包，劉家人紛紛響應。

劉邦

群組裡有人發紅包嗎？沒有的話，我等等再來問一次。

 贏政

不如樓上的先發一個？

 劉邦

還是版主先來吧……

 劉徹

其他群組的版主已經開始用大紅包「羞辱」成員了，而我們的版主到現在都還沒開始行動，正義的我如果被踢出群組，希望其他有識之士能接力下去。

 劉盈

其他群組的版主已經開始用大紅包「羞辱」成員了，而我們的版主到現在都還沒開始行動，正義的我如果被踢出群組，希望其他有識之士能接力下去。

 劉恒

其他群組的版主已經開始用大紅包「羞辱」成員了，而我們的版主到現在都還沒開始行動，正義的我如果被踢出群組，希望其他有識之士能接力下去。

上面和下面兩張截圖中，起鬨的幾位劉姓人士關係圖。

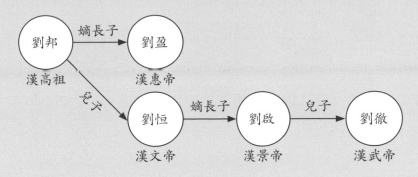

劉氏子弟人數眾多，很快就把場面帶起來了。

＜ 宇宙第一群(421)　　　⋯

劉啟

其他群組的版主已經開始用大紅包「羞辱」成員了，而我們的版主到現在都還沒開始行動，正義的我如果被踢出群組，希望其他有識之士能接力下去。

劉備

其他群組的版主已經開始用大紅包「羞辱」成員了，而我們的版主到現在都還沒開始行動，正義的我如果被踢出群組，希望其他有識之士能接力下去。

劉協

其他群組的版主已經開始用大紅包「羞辱」成員了，而我們的版主到現在都還沒開始行動，正義的我如果被踢出群組，希望其他有識之士能接力下去。

🖉 漢朝國祚綿長，累計起來有400多年。漢族（漢人）這個名稱，就是來自漢朝。很多現代中國人的性格特徵，有時在漢朝的人物中也能找到痕跡，由此可見漢朝的影響力很大。

楊堅

國祚綿長就是好啊！連討個紅包都這麼有排場。

王莽

羨慕嫉妒恨！

西漢集團有限公司

📞 通信基本靠吼叫　　　　✉ 飛鴿傳書或快馬加鞭

👤 6300萬　　　　　　　　🏠 609萬平方公里

基本資料

註冊人	劉邦
董事長	劉邦、劉恒、劉啟、劉徹、劉詢等
成立時間	西元前202年
公司住所	大漢長安城未央宮
營業期限	西元前202年～西元8年（共210年）
經營範圍	你所想到的都有

變更記錄

● **名稱變更**

西元8年

🖉 西元前202年，自劉邦建立西漢，到西漢最後一任皇帝劉嬰，整個朝代共維持210年。西元8年，王莽篡漢建立新朝，結果只存在了15年（比現在很多公司的壽命還短）。

變更前	變更後
西漢集團有限公司	**新朝集團有限公司**

● **所有人變更**

西元8年

變更前	變更後
劉嬰（漢孺子）	**王莽**

東漢集團有限公司

📞 空　　　　　　　　　　　　✉ 飛鴿傳書或快馬加鞭

👤 6500萬　　　　　　　　　　🏠 580萬平方公里

基本資料

🖉 西元25年，劉秀從眾多
競爭者中勝出，建立東
漢，從那開始到最後一任
皇帝劉協，東漢總共存活
195年，然後就進入「東
漢末年分三國，烽火連天
不休」的三國時代了。

註冊人	劉秀
董事長	劉秀、劉莊、劉炟、劉肇、劉隆等
成立時間	西元25年
公司住所	大漢洛陽皇宮
營業期限	西元25年～西元220年（共195年）
經營範圍	跟西漢一樣

繼續回到要紅包的話題。

那麼，秦始皇會發什麼樣的紅包呢？

嬴政
你們再這麼炫耀你們的朝代長度，我就不發了，哈！@劉邦

劉邦
停！孩子們控制一下，不要讓大哥尷尬。

嬴政
 宇宙第一群嗨起來
紅包

劉徹
太闊氣了，謝謝老闆！

司馬懿
太闊氣了，謝謝老闆！

劉恒
太闊氣了，謝謝老闆！

楊堅
太闊氣了，謝謝老闆！

成吉思汗
太闊氣了，謝謝老闆！

嬴政用他那個年代的貨幣發了一個超級大紅包。

50個紅包，9秒被搶光

李旦 19:06	14.19鎰
司馬懿 19:06	4.06鎰
劉秀 19:06	24.86鎰
嘉靖 19:06	37.13鎰
曹操 19:06	26.94鎰
劉協 19:06	51.76鎰 ♔ 手氣最佳
劉備 19:06	32.15鎰
萬曆 19:06	24.30鎰
劉徹 19:06	48.47鎰

🖉 秦始皇統一中國以後，也統一了貨幣。他規定黃金為價值最高、最貴重的上幣，單位為「鎰」（合20兩）；銅則為一般價值的下幣，單位為「半兩」，形狀是方孔圓形。方孔圓錢這種貨幣形制一直被沿用了2000多年，看過古裝劇的人，應該都對這種貨幣不陌生。

🖉 一鎰約等於20兩黃金，在漢代，一兩是15.6公克。黃金的價格換算成現代約1640元／公克。所以，秦始皇的紅包真的好……大*！這樣的霸氣完全符合他的人設啊！

*換算下來，秦始皇的紅包光一鎰價值就約有50萬臺幣。

所以，群組裡的成員瞬間就嗨爆了……

 劉秀
太闊氣了，謝謝老闆！

 李旦

謝謝老闆！

 曹操
好嗨哦！感覺人生已經到達了巔峰。

 劉邦
沒想到，竟然沒搶到自己起鬨討的紅包……

 趙匡胤
你們的手速也太快了吧！

 朱棣Judy
錯過一個億……

 趙佶
@李旦 旦總，我很喜歡看你的脫口秀！

 李煜
喜歡＋1

 劉禪
哈哈哈哈哈，這節目太逗了，樂得我快不行了……

嗨到高處的曹操，忍不住想喝酒。

劉邦

就換手氣最好的發紅包吧！

劉邦

@劉協

劉協

$ 大漢雄起

紅包

孫權

這紅包，連付網路流量的錢都不夠……

司馬睿

大哥是不是少按了一個0……

劉啟

一分也是愛

劉備

一分也是愛

劉裕

一分也是愛

乾隆

好尷尬啊，五銖錢在我們這個年代用不了……

乾隆

有哪位大哥了解匯率兌換嗎？在線等……

劉協：漢獻帝，東漢最後一任皇帝。是曹操「挾天子以令諸侯」這句話的主角，劉協被曹丕接管，最後還把位子讓給了曹丕。正因為家道中落，他只能發了一個幾分錢的紅包，紅包名稱飽含著對東漢的祝福。

劉啟，漢景帝；劉備，劉皇叔；劉裕，南朝宋武帝，是劉邦弟弟劉交的後代。

五銖錢是中國錢幣史上使用時間最長的貨幣，於漢武帝時開始鑄造發行，一直到唐高祖時期，總共流通了720年之久。之後，唐高祖李淵開始鑄造開元通寶，對後世影響也極其深遠。

雖然劉協發的是小紅包，下面的三位劉姓人士還是表示了理解，畢竟是自己人。

劉協發了一個每人5銖錢的紅包，自己也搶了一個。

劉協的紅包
大漢雄起

已領取65／100個，共325／500銖

劉協 19:08		5銖
司馬睿 19:08		5銖
劉啟 19:08		5銖
嘉靖 19:08		5銖
禿髮烏孤 19:08		5銖
朱溫 19:08		5銖

✎ 銖是古代一兩的1/24，五銖錢約等於新臺幣0.8元。前面嬴政發紅包的單位是鎰，一鎰約等於新臺幣50萬元。因此兩者相比，根本就是有錢人的豪華紅包和一分錢紅包的差別了。

✎ 有個成語叫「以鎰稱銖」，用鎰（20兩）同銖（1/24兩）相比，表示力量處於絕對優勢。反過來的成語是「以銖稱鎰」，表示力量處於絕對劣勢。

✎ 錙，是古代一兩的1/4，一錙等於6銖。錙和銖都是很小的重量單位，所以我們說一個人小氣，常說他「錙銖必較」。這個成語是不是很常聽見？

✎ 在查資料的時候，趣哥意外地發現了一個比較奇特的名字——禿髮烏孤（複姓禿髮）。禿髮烏孤是十六國時期南涼的建立者，他之後的國君是禿髮利鹿孤和禿髮傉檀（共三任），也都是風格奇特的名字（不知道禿髮家族髮量怎麼樣？）。

武則天
群組裡有其他女生嗎?

武則天
 女生專屬紅包

紅包

完顏亮
謝謝小姊姊,請問可以加你為好友嗎?
@武則天

朱厚照
謝謝小姊姊,請問可以加你為好友嗎?
@武則天

劉徹
@武則天 哈囉,這是未來的概念貨幣嗎?

同治
謝謝小姊姊,請問可以加你為好友嗎?
@武則天

曹操
謝謝小姊姊,請問可以加你為好友嗎?
@武則天

高緯
謝謝小姊姊,請問可以加你為好友嗎?
@武則天

完顏亮、朱厚照、曹操、高緯和司馬炎,都以好美色著稱。

完顏亮,是金朝第四位皇帝,曾說過:「無論親疏,盡得天下美色而妻之。」*(如果他有簽名檔應該會用這句話吧!)同時他也是一位大詩人,有一首著名的詩:
《題臨安山水》
萬里車書一混同,
江南豈有別疆封?
提兵百萬西湖上,
立馬吳山第一峰!
這首詩的自戀成分比較高,因為還沒有「提兵百萬西湖上」,他就被金朝其他人縊殺了(自不量力的典型案例)。

高緯,南北朝時期北齊後主,有個妃子叫馮小憐,也是「玉體橫陳」這個成語的主人公。

*完顏亮好美色,無論是誰,只要是美女都想納入自己的後宮。

晉武帝司馬炎兼併三國之後，後宮的妃子數量將近一萬人，所以他晚上要臨幸哪個妃子成了令人頭疼的問題。於是司馬炎想出一個方法，便是坐著羊車在宮裡隨意行走，羊車停哪裏就寵幸哪位妃子。所以，這是一輛很多妃子夢寐以求的車子……

楊廣，歷史上相貌英俊的皇帝之一，曾對著鏡子說：「大好頭顱，誰當斫之。」**

司馬炎

謝謝小姊姊，請問可以加你為好友嗎？
@武則天

李治

樓上的，你們當我是空氣啊！

朱厚照

小姊姊，有空一起出來玩啊！

司馬炎

武妹妹，我有一輛許多人朝思暮想的羊車……

楊廣

你們誰都別跟我爭，照照鏡子看看自己長什麼模樣吧！

完顏亮

誰敢跟我搶，我就提兵百萬滅了他！

朱厚照

@完顏亮 樓上太自不量力了吧，論實力你是第一個被淘汰的耶！

────── **趣哥解說** ──────

一般群組裡發女生專屬紅包，來搶的都是男生，宇宙第一群也是如此。

唐代的貨幣是開元通寶，對漢朝人來說，是未來的概念貨幣。

李治說完那句話之後，大家果然就把他當「空氣」了。

** 意思是「這麼美的頭顱，將來不知道會被誰砍掉。」

大家紛紛撩武則天，李治無法控制場面，直到唐太宗回籠覺睡醒……

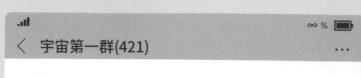

李世民
唉！昨晚又沒睡好……

李治
怎麼了，爹？

李世民
我就睡了個回籠覺，居然有人敢撩我的人！

李世民
我警告你們別惹我老婆，我可不是塑膠做的！

李治
我警告你們別惹我老婆，我可不是塑膠做的！

*

李顯
我警告你們別惹我老媽，我可不是塑膠做的！！

據傳聞李世民曾有一段時間晚上睡不好，會聽到各種鬼怪呼叫的聲音，讓李世民很苦惱。他將這件事告訴群臣，臣子中的秦叔寶和尉遲敬德站出來表示自己身經百戰、殺人無數，什麼鬼魅都不怕，願意在晚上守衛門口。於是，李世民終於可以在晚上睡個好覺了。

後來，李世民看兩位愛將天天晚上守在門口太辛苦，就命人畫下他們的畫像貼在門上，發現這樣也能有安神助眠的效果。民間也沿襲了這種做法，睡覺前把秦叔寶和尉遲敬德的畫像貼在門上，於是，秦叔寶和尉遲敬德慢慢地變成了民間流傳最廣的門神。

李世民出面控制住場面後，李治和李顯也迅速跟著響應，人多力量就大。

只有溥儀同學認真地回答了武則天的問題，不過，也只有他有資格回答這個問題。

*武則天原本是李世民的嬪妃，後來李世民去世之後，改嫁兒子李治，因此武則天既是李世民的妻子，也是李治的太太。

溥儀
@武則天 前輩，這群組裡只有您一個女的。

趙佶
@溥儀 你的頭像怎麼跟我們不一樣？

趙桓
是啊，這畫風感覺跟群組格格不入的……

溥儀
隱身中...

朱厚照
嗯……我有一個成熟的建議。

李世民
？

李治
？

朱厚照
我們要不要把群組名稱改成420個男人和1個女人？

李世民
我也有一個成熟的建議……

李世民
版主把這人踢了吧！@嬴政

 嬴政
@朱厚照 口頭警告一次，誰改群組名，就和胡亥一個下場！

 劉秀
哈哈哈，傳說中活不過一集的男人……

 劉禪
一出場就被踢，哈哈哈哈哈哈哈哈哈哈哈哈哈哈哈哈……太好笑了，笑到倒地不起。

 劉備
整個群組就數你笑得最大聲！

 劉備
快起來！還要為父來扶你不成？！

阿斗，是真的扶不起，還是大智若愚呢？

第三章

五代十國

五代十國時期的皇帝，也愛湊熱鬧。

趙構

群組裡有金國人嗎？有的話我先退群組了哈，待會還要趕路……

趙佶

兒子，啥時候接老爸回家？北方好冷啊……

趙桓

九弟，啥時候接大哥回家？北方好冷啊……

李煜

雕欄玉砌應猶在，只是朱顏改。問君能有幾多愁，恰似一江春水向東流。

李煜

@趙佶 @趙桓 體會到我的心情了沒？

劉繼元

@趙佶 @趙桓 體會到我的心情了沒？

孟昶

@趙佶 @趙桓 體會到我的心情了沒？

趙佶

@趙構 兒子，你別裝死啊！

李煜

天道好輪迴，蒼天饒過誰……

錢弘俶

天道好輪迴，蒼天饒過誰……

🖊 北宋靖康二年，金國人攻占了北宋首都，擄走了徽欽二帝和皇室後宮文武大臣共3000多人（真是夠狠）。趙構因為宗澤勸阻，僥倖逃過被俘的命運，也成為北宋唯一沒有被俘的皇子。徽欽二帝被囚禁於五國城（現在的黑龍江省哈爾濱市依蘭縣附近）。

🖊 金國人上山下海地捉趙構，趙構就不斷地跑，後來一度在海上漂泊了幾個月，最後到杭州才真正安穩下來。

🖊 五代十國後期，南唐後主李煜、北漢國主劉繼元、後蜀末代皇帝孟昶、吳越國王錢弘俶等也曾被俘虜到了北宋首都汴京（今河南開封），所以他們說「體會到我的心情了沒？」、「天道好輪迴，蒼天饒過誰……」。

🖊 李煜和趙佶（宋徽宗）兩人都是十足的文藝青年，命運也有很多相似之處。李煜被俘後被趙匡胤封為違命侯，趙佶被俘後則被金朝皇帝封為昏德公。

看到趙構在群組裡沒有回應，趙佶就給他發了私訊。

趙匡胤
@孟昶 花蕊夫人不錯！

趙光義
@李煜 小周后不錯！

趙光義
哥，你的位子也不錯！

李煜
樓上是絕命毒師！

錢弘俶
樓上是絕命毒師！＋1

趙匡胤
@趙光義 等一下，為什麼群組裡沒有我的兒子？德昭和德芳呢？

趙光義
大哥，你聽我解釋，我本來是想傳給德昭的，可是……

趙構
可是因為太太……太爺爺一句氣話，德昭自殺了。

趙光義
好你個趙構，不光坑爹，還坑祖宗啊！

趙匡胤
好你個趙光義，不光坑哥，還坑媽啊！金匱之盟你忘了嗎？

唐朝滅亡之後，進入五代十國時期。五代十國是出美女的一個時期，比如花蕊夫人、大周后、小周后等。中國歷史上有好幾位被稱為「花蕊夫人」的女子，都出現在五代十國時期。本文中的花蕊夫人是後蜀末代皇帝孟昶的寵妃，她不僅是一位風華絕代的美女，還是一位女詩人，有一首〈述國亡詩〉很出名：
「君王城上豎降旗，
妾在深宮哪得知？
十四萬人齊解甲，
更無一個是男兒。」
後蜀滅亡後，花蕊夫人被趙匡胤召入宮中。

大周后和小周后是姊妹，她們倆都是南唐後主李煜的皇后。南唐滅亡後，小周后和李煜被俘到了北宋東京。

李煜和錢弘俶皆死於自己生日那天，有傳聞說他們都是被趙光義毒死的。李煜生於七夕，死於七夕；錢弘俶則死於自己六十大壽那天。

趙匡胤的幾個兒子都死得早，其中趙德昭是因為受到趙光義的訓斥，自殺而死。

據記載，趙匡胤的母親病重時和趙匡胤約定要將皇位先傳給弟弟，弟弟再傳回給哥哥的兒子。這個約定放在金匱（櫃）之中，因此叫「金匱之盟」。

趙匡胤

信不信我一個長拳搥你的胸口！

趙昚

太太……太爺爺息怒，最後趙構爸爸又把皇位傳給我了，後面的皇帝仍都是您的子孫後代。

趙匡胤

哼，天道好輪迴，蒼天饒過誰！

📝 趙匡胤也是一位武術家，對後世拳法影響深遠，其獨創的太祖長拳和太祖盤龍棍流傳至今。

📝 北宋的皇帝，除了趙匡胤，其餘都是趙光義的後代。後來趙構沒有兒子，把位子傳給了趙匡胤的後代趙昚（也是趙構養子）。所以，南宋的皇帝，除了趙構，其餘都是趙匡胤的後代。

📶 　　　　　　　　　　∞ % 🔋

< 宇宙第一群(420)　　　　···

完顏阿骨打

我們大金後來怎麼樣了？

武則天

樓上的名字好萌！

完顏吳乞買

託二哥的福，我後來滅了北宋，把北宋皇室全都打包帶回來了，只可惜漏了一個趙構。

趙構退出了聊天室

📝 完顏阿骨打是金朝的創始人，完成建國和破遼兩件大事，把女真族的勢力帶入巔峰。完顏阿骨打死後，他的弟弟完顏吳乞買繼位，不僅徹底滅亡了遼國，還在1127年滅掉了北宋。這一年是北宋的靖康二年，所以被稱為「靖康之恥」。在岳飛的〈滿江紅〉中，有一句「靖康恥，猶未雪。臣子恨，何時滅」，令人印象深刻，不時在漢人心中響起。

完顏吳乞買

不知道我後面的人有沒有滅掉南宋？

趙昀

想得美，我和蒙古聯合滅掉了金國，你們也搭進去兩個皇帝。

趙佶

這個事情，我只能說：天道好輪迴，蒼天饒過誰……

.ıl   ∞ % 🔋

〈　宇宙第一群(420)   …

完顏守緒

雖然被你們滅國，不過，「君王死社稷」這句話，我做到了！

完顏承麟

蒙古人實在太剽悍，可憐我剛儲值的VIP會員，不到一個小時就到期了。😱

完顏承麟

讓蒼天知道我認輸

🖊 俗話說：「天道好輪迴，蒼天饒過誰。」轉眼之間靖康之變過去了107年，在西元1234年（很好記的年分），南宋和蒙古聯合滅掉了金國。

🖊 在地理位置上，金國處於南宋和蒙古中間。金國被滅之後，南宋失去了金國這個屏障，不得不直接面對更為強大的蒙古。經過幾十年的抵抗，南宋最後被蒙古所滅。

🖊 北宋滅亡的時候，搭進去了兩位皇帝（宋徽宗和宋欽宗）。金國滅亡的時候，也搭進去了兩位。金國滅亡時搭進去的，正是最後的兩位皇帝：完顏守緒（金哀宗）和完顏承麟（金末帝）。金哀宗不想當亡國之君，就把位置禪讓給了大將完顏承麟。完顏承麟一開始不肯接位，金哀宗苦苦哀求說自己身體肥胖，很難突出重圍，但完顏承麟是個將才，身手矯健，如果有幸逃出，還可以延續國祚。

🖊 完顏承麟接受禪讓，然而就在舉行繼位儀式時，宋蒙聯軍已經破城而入。金國的滅亡非常慘烈，金哀宗自殺，完顏承麟也死於亂軍之中，不到兩個小時的時間，兩位皇帝雙雙殉國，在中外歷史上幾乎絕無僅有。完顏承麟成為史上在位時間最短的皇帝，也就是金末帝。據史學家估計，完顏承麟在位時間只有一、兩個小時。

有一句關於明朝的評語很出名：「天子守國門，君王死社稷。」這裡的「君王死社稷」，指的是明朝崇禎皇帝在煤山上自縊而死。其實早在410年前的金國，就有兩位君王死於社稷——完顏守緒在傳位給完顏承麟後自縊而死；410年之後，崇禎皇帝在歪脖子樹上自縊而死。

崇禎

@完顏守緒 原來前輩跟我一樣，給前輩鼓掌！

成吉思汗

我彷彿聽到有人在背後說我帥

唐朝最後的兩位皇帝是李曄（唐昭宗）和李柷（唐哀帝）。

朱溫曾被唐僖宗賜名「全忠」，以嘉獎他的忠心，但他其實是著名的牆頭草行為藝術家。一開始他參加黃巢起義，後來投降唐朝後便反過來打黃巢，平定了黃巢之亂。接著朱全忠又因勢力龐大，起了篡位自立的念頭，便滅掉了李曄和李柷，成為大唐終結者（建立後梁）。

唐末的時候有個非常厲害的男團——十三太保，創始人是後唐太祖李克用。這個男團不重顏值，而是看重武力值，李克用靠十三太保和朱溫爭霸多年，兒子李存勗和養子李嗣源都是團員。

< 宇宙第一群(420)   ···

李柷

@完顏承麟 握個手，我們大唐到期的時候也搭進去兩個皇帝。

李曄

@AAA朱溫，你對得起你的名字嗎？

AAA朱溫

我也想低調，可實力不允許啊……

朱棣Judy

樓上的名字好別致啊……

李存勗
呵呵，你的國還不是滅在我手上！
@AAA朱溫

李嗣源
嘿嘿，三弟你看戲看到有點耽誤工作，這個位置還是我來吧！

石敬瑭
我爹在群組裡嗎？

嬴政
這是誰家的孩子？快來認領一下！

李存勗
@李嗣源 叫你啦！

李嗣源
我是岳父，不是他爹！

耶律德光
乾兒子，你給的那塊地爹很滿意，就是我的乾孫子不太聽話，所以我親自南下揍了他一頓。

李嗣源
@石敬瑭 畜生，你給了遼國一塊什麼地？！

李存勗（三太保）前期是戰神人設，圓滿完成了老父親（李克用）定下的三個小目標，消滅了老父親的勁敵後梁，建立後唐。然而就像考完大學之後的徹底放鬆，李存勗後期沉迷於娛樂，因戲誤國，最終導致「興教門之變」。

之後，大太保李嗣源被推上位。

五代十國時期，各號人物令人眼花繚亂地登場，王朝更迭頻繁。李嗣源和李從珂是後唐（五代之一）的皇帝，石敬瑭是後晉（五代之一）的創始人，李從珂（後唐末帝）是李嗣源的養子，石敬瑭是李嗣源的女婿。

石敬瑭有個行為對後世王朝的負面影響甚大。他用燕雲十六州換取遼國的援助，打敗了李從珂，並建立了後晉。此後幾百年間，中原王朝少了北部的屏障，北方的游牧民族南下中原如入無人之境，比如之後的宋朝就總是被北方王朝欺負。

石敬瑭雖然比耶律德光大了10歲，但他竟然叫耶律德光「爸爸」，自稱「兒皇帝」，這一「神級操作」讓他被後世詬病。

石重貴是石敬瑭的養子，雖然能力一般，但是比石敬瑭有骨氣。按照輩分，石重貴要叫耶律德光爺爺。但是他不肯向遼國稱臣，於是耶律德光親率大軍南下，滅掉了後晉。之後耶律德光在中原待沒多久，就引起了各地的反抗，於是他準備回到遼國。在北歸的途中，耶律德光染病去世，為了在路上保存好屍體，耶律德光被做成了木乃伊（唯一一位木乃伊皇帝）。

李從珂

乾爹，他把燕雲十六州送給了遼國，然後聯合遼兵把我們後唐滅了。

李嗣源

你…這個…畜生

歷史上有不少出師未捷身先死的人物，除了諸葛亮以外，柴榮也是讓人扼腕嘆息的一位。

柴榮是五代十國時期的梟雄，他是五代最後一個朝代後周的雄主，曾經立下「十年開拓天下，十年養百姓，十年致太平」的目標，並一度收回燕雲十六州的部分地方。可惜天不假年，柴榮年僅38歲就英年早逝了。柴榮死後，趙匡胤同學在陳橋黃袍加身，實現了柴榮來不及完成的目標。

柴榮

出師未捷身先死，沒收回燕雲十六州是我的遺憾！

趙匡胤

沒了這道屏障，北方騎兵進入中原如入無人之境。

趙佶

要是這塊地在我們手裡，我們大宋也不會老被人欺負……

李嗣源

強烈建議版主把這個東西踢出去！！！

柴榮

強烈建議版主把這個東西踢出去！！！

趙匡胤
強烈建議版主把這個東西踢出去！！！

 趙佶
強烈建議版主把這個東西踢出去！！！

 嬴政
滾 @石敬瑭

石敬瑭被移出了聊天室

柴榮和趙匡胤之後，就是朱元璋同學閃亮登場了……

 朱元璋
各位大哥息怒，燕雲十六州在我的手裡
總算收回來了，整整455年 😂

 李從珂
我的天，沒想到這麼久……

 柴榮
大哥就是厲害！

 錢弘俶
這麼長的時間，收收房租都能賺不少錢
啊！

✏ 洪武元年（1368年），朱
元璋派徐達、常遇春攻克
大都（元朝的國都，在今
日的北京），燕雲十六州
重新納入中原王朝的範
圍，前後歷經整整455
年……

嬴政
小伙子幹得不錯！

李世民
手動按讚！

題外話

這篇文章主要講的是唐末五代十國到宋朝的歷史時期，這可能是很多人不太熟悉的一個階段。趣哥按照時間順序為大家梳理一下人物關係：

① 首先是唐朝末年的兩個皇帝，分別是李曄（唐昭宗）和李柷（唐哀帝）。

② 朱溫殺掉兩個皇帝之後，建立五代第一個國家：後梁，從此五代十國開始。

③ 李存勗繼而滅掉後梁建立後唐（五代第二個國家），然而李存勗沉迷看戲，工作失誤導致兵變，李嗣源被大家推上位。

④ 之後，石敬瑭用一塊地換取了遼國大軍的支持，殺掉後唐末帝李從珂，建立後晉（五代第三個國家），後晉在石重貴手上又被遼國所滅。

⑤ 後晉滅亡後，中原空虛，劉知遠抓住時機建立後漢（五代第四個國家）。

⑥ 後漢猜忌郭威，郭威沒辦法，殺掉後漢皇帝建立了後周（五代第五個國家），然後郭威傳位給了養子柴榮。柴榮的兒子不中用，趙匡胤在陳橋黃袍加身，建立北宋，結束五代十國時期。

⑦ 五代是指唐滅亡以後依次定都於中原的五個朝代，就是前面說的後梁、後唐、後晉、後漢和後周。十國主要是指當時南

方的一些封建割據政權（北漢在北邊），比如在文章中出現
的南唐（後主李煜）、北漢（皇帝是劉繼元）、後蜀（皇帝
是孟昶）、吳越國（皇帝是錢弘俶）等。

五代十國時期比較混亂，不知這樣講大家理解了嗎？

第四章

蒙古鐵騎

第三章中，趙構主動退聊天室，石敬瑭則是被移出群組。

本集開始，成吉思汗一上來就耍了一下威風……

成吉思汗

抱歉打斷一下，想問問有沒有世界級的群組？

成吉思汗

凱撒他們在哪個群組？有沒有大哥可以拉一下。

朱元璋

是誰在耍威風？好刺眼！

朱棣Judy

這都已經是宇宙群了，樓上怎麼反而想進世界群？！

蒙哥

群組裡果然人才濟濟，各位在我這裡完全可以當一個省長。

蒙哥

對了，四弟，一定要幫我消滅南宋！@忽必烈

🖉 從成吉思汗統一蒙古各部開始，蒙古鐵騎所向披靡，橫掃歐亞大陸。經過成吉思汗及其後代的努力，蒙古帝國巔峰時期的疆域超過3000萬平方公里。

🖉 蒙哥和忽必烈是成吉思汗的孫子，蒙哥在位時親率大軍攻打南宋，卻在前線去世。蒙哥的撒手人寰對世界產生了巨大影響，因為沒有立繼承人，正準備向非洲挺進的蒙古大軍緊急回撤，忽必烈與弟弟阿里不哥開始長達4年的汗位之爭，最終導致蒙古帝國分裂成四個汗國和元朝（四個汗國分別是：欽察汗國、察合臺汗國、窩闊臺汗國、伊兒汗國）。

宋末三少帝分別是趙㬎（ㄒㄧㄢˇ）、趙昰（ㄒㄧㄚˋ）、趙昺（ㄅㄧㄥˇ），三少帝在位的時候都僅是幾歲大的小朋友而已。崖山海戰時，陸秀夫背著小皇帝趙昺投海自盡，10萬人跳海殉國，非常慘烈。

三少帝中，趙㬎的經歷非常傳奇。元軍攻破臨安城後，趙㬎被俘到了元大都。然後⋯⋯娶了一位元朝公主。之後趙㬎去西藏出家，成為佛門高僧，可惜最後仍因為身分特殊還是被賜死了（活了50多歲）。

忽必烈建立元朝後，曾兩次遠征日本，據說因為颱風而導致遠征失敗（但有些資料上說颱風的影響有限）。

忽必烈
大哥，南宋最後打下來了。崖山之戰，真是慘烈呀⋯⋯

趙㬎
你欺負小朋友！

趙昰
欺負小朋友！＋1

趙昺
欺負小朋友！＋1

溥儀
蒙古鐵騎在陸地上確實無敵，跨海作戰就⋯⋯

忽必烈
唉！當時藍天白雲，晴空萬里，怎知突然就暴風雨⋯⋯

忽必烈
只怪當時沒有天氣預報。

宇宙第一群(419)

段譽
聽說你把我們大理也滅了？@忽必烈

忽必烈
（彷彿察覺一絲危險😂）

段譽
你是想試試我的六脈神劍嗎？　　*

忽必烈
這、這都是為了完成對南宋的合圍。

耶律洪基
滅國也能被你說得這麼清新脫俗……

朱棣Judy
滅國也能被你說得這麼清新脫俗……

趙昀
支持樓上用六脈神劍，再叫上你的兩個兄弟。

段興智
@段譽 太太……太爺爺，我們段氏還算幸運，蒙古讓我們世襲大理總管。

段譽
我大理段氏世代信佛，看來也算是修得福報了……

🖉 金庸所撰的《天龍八部》中多個角色，都是歷史上的真實人物。段譽的原型是大理國皇帝段正嚴（字和譽），段正嚴的父親是段正淳。喬峰的乾哥耶律洪基，在歷史上也是大遼的皇帝。遼國的國號曾多次在契丹和遼之間反覆切換。

🖉 大理皇帝多信奉佛教，很多大理皇帝在老去之後禪位為僧，段譽也是。忽必烈在攻滅大理之後，為了便於管理，繼續讓段氏皇族世襲大理總管，一直世襲到明朝初年（比元朝的時間還久）。相比其他被蒙古攻滅的國家，大理算是得到很大的福報了。

* 在金庸筆下，「六脈神劍」是至高無上的武功，需要極深厚的內功，只有段譽一人學成。

段正淳
譽兒～

段譽
爹，你怎麼來了？

段正淳
我來找你妹。

劉禪
哈哈哈哈哈哈！此處應該有音樂……

溥儀
段老師，每一個女人都愛你愛得死去活來，你是怎麼做到的？

高緯
段老師，求開課！

朱厚照
段老師，求開課！

載淳
段老師，求開課！

溥儀跟群組裡的帝王很多地方都不一樣，比如，他是唯一一個妃子和自己離婚的皇帝（所以他疑惑地問了段正淳一個問題）。

聊天背景介紹

段譽和段正淳是金庸小說《天龍八部》中的人物，在歷史上都有真實的人物原型。

在小說《天龍八部》中，段正淳是大理鎮南王，雖然只是小說中的一個配角，但他靠著豐富的情史和高超的戀愛技巧，強勢刷出一波存在感。

段譽是鎮南王的世子，他在小說中喜歡的每一個女子都是他的妹妹。

宇宙第一群(419)

趙佶
沒想到大家這麼愛學習 😂，我推個課程哈！

趙佶
書法、會話培訓班招生中，由皇室名家親自教學，名額有限，報名從速！

李煜
@趙佶 趙老闆，你們招國學老師嗎？我可以教詩詞……

劉備
我也搭順風車自薦一下，本公司現有各類男女草鞋，專櫃同款，工廠直銷，一件也能擁有批發價，品質有保證噢！

李世民
怎麼都打起廣告了？版主不管管嗎？@嬴政

孛兒只斤・妥懽帖睦爾
草鞋早就不流行了吧……@劉備 那個，我這裡有草原無添加風乾牛肉，超乾原味，軍糧首選。有需要加群組，可接受行動支付轉帳！

趙佶
都做起副業了，看來大家都是不務正業的斜槓青年啊！

✎「奈何生在帝王家，我本是個藝術家。」宋徽宗趙佶在書法（獨創瘦金體）和繪畫方面都有很高的造詣，是著名的藝術家皇帝。他不僅自己的藝術成就很高，還發掘了一大批神級畫家，比如畫《清明上河圖》的張擇端、畫《千里江山圖》的王希孟……有人評價他：諸事皆能，獨不能為君。

✎跟宋徽宗比較像的是南唐後主李煜，他們都是屬於本職工作不精通，但是興趣愛好卻有著極其高水準的皇帝。李煜被稱為「詞中之帝」，寫了幾首好詞，大家在國文課本上應該都讀過，比如「春花秋月何時了，往事知多少。小樓昨夜又東風，故國不堪回首月明中」。

✎孛兒只斤・妥懽帖睦爾，也就是元順帝，是元朝在中原的最後一個皇帝。朱元璋北伐把元順帝趕回了北方，退居大漠之後的元朝廷被稱為「北元」。

趙佶
你的詞寫得不錯，私聊哈！@李煜

📶 ∞ % 🔋

〈 **宇宙第一群(419)** ···

朱元璋
藍玉何在？把@孛兒只斤・妥懽帖睦爾趕回大漠！

朱允炆
爺爺，藍玉他好像被你滅門了……

朱元璋
這麼尷尬嗎？

孛兒只斤・妥懽帖睦爾
惹不起，溜了溜了……

朱元璋
那我繼續加班了，沒有宰相可累死我了。

忽必烈
我大汗民族從草原出發，最後又回歸草原，還真的是天道好輪迴啊！

成吉思汗
不肖子孫給我站住，看我不一箭射死你！@孛兒只斤・妥懽帖睦爾

🖊 藍玉是明朝初期的名將，曾經在捕魚兒海（現今的貝爾湖）大破北元。

🖊 後來，朱元璋大殺功臣，藍玉也被殺。藍玉案是明初四大案之一，株連者超過1.5萬人。真實的歷史好殘酷！

🖊 朱元璋是皇帝中的勞工楷模，中國近代歷史學家吳晗曾統計，朱元璋平均每天要看200份文件，處理400件事情（這工作量不是一般的大）。

🖊 朱元璋廢除丞相一職，胡惟庸成為中國最後一個丞相。胡惟庸案也是明初四大案之一。

趙匡胤
樓上幾位的姓氏好奇怪，百家姓裡都找不
到……

錢弘俶
是啊，這姓氏著實奇怪！

成吉思汗
……

窩闊臺
……

忽必烈
樓上一看就是中原王朝，世界那麼大，
多出去看看，歐洲那邊這樣的名字到處
都是。

福臨
其實他們姓孛兒只斤，就像我們姓愛新覺
羅一樣。話說我有一個湯爺爺，他的名字
也很長。

弘曆
是啊！我的宮廷畫師郎世寧也是，他的外
國名字壓根讓人記不住。

忽必烈
我還見過一個義大利的小朋友馬可‧波
羅，他的名字倒是好記。

✎ 《百家姓》於北宋初年成
書於吳越國地區。因為宋
朝皇帝姓趙、吳越國王姓
錢（正妃姓孫）、南唐國
主姓李（如李煜），所以
百家姓的開頭是趙錢孫李
（並不是按人數多少來排
名）。百家姓收錄有四、
五百個姓。

✎ 福臨提到的「湯爺爺」是
湯若望，羅馬帝國傳教
士，在中國生活了47年，
也是清朝順治皇帝的洋爺
爺。中國今天在用的農
曆，是湯若望在明朝前沿
用的農曆基礎上加以修改
而成的「現代農曆」。

✎ 郎世寧，義大利人，歷經
清朝康雍乾三代的宮廷畫
師。

李存勗也是一位狂熱的戲曲愛好者，他的一生相當有戲劇性，很像是一個高中時期拚命，考上大學之後墮落的人。

〈霓裳羽衣曲〉是音樂舞蹈史上的一顆璀璨明珠，由唐玄宗李隆基作曲。白居易的〈長恨歌〉裡就有一句詩：「漁陽鼙鼓動地來，驚破霓裳羽衣曲。」〈霓裳羽衣曲〉在安史之亂後丟失，而後南唐的李煜把大部分補齊，南唐滅亡後又被李煜燒毀。

梨園，是唐玄宗給學生進行戲曲教學的地方，後來戲曲演員被稱為「梨園子弟」，戲曲世家被稱為「梨園世家」。

< 宇宙第一群(419) · · ·

李隆基
插播一下，群組裡有人K歌嗎？

高緯
舉手。✋

李存勗
哪家KTV？傳地址過來！

李隆基
長安城梨園，還有大型音樂歌舞劇《霓裳羽衣曲》的現場表演，有很多漂亮妹子喲！

李煜
哇，是《霓裳羽衣曲》一定要去聽聽現場版。

李隆基
@嬴政 是群組福利耶！版主可以幫忙發個公告嗎？

完顏亮
哇！有漂亮妹子！

司馬炎
哇！有漂亮妹子！

高緯
哇！有漂亮妹子！

朱厚照

妹子什麼的無所謂，我是出於對藝術的熱愛。

曹操

@李隆基 發張照片來看一下。

AAA朱溫

此處要tag你的太爺爺@李世民 嗎？

李世民

@李隆基 老是不務正業，好好的一個大唐，看看被你折騰成什麼樣子了！

李柷

祖宗，姓朱的終結了我們大唐。

朱見深Jason

樓上的，不要無差別攻擊，好嗎？

朱祁鎮

推Jason。👍👍

朱棣Judy

推Jason。👍👍

🖊 唐朝末年，朱溫滅掉李唐，建立後梁。然後李存勗滅掉朱溫的後梁，建立後唐。到了明朝末年，李自成滅掉朱明王朝。姓李和姓朱的王朝，一方滅亡後換另一方登場，如同按下音樂的循環播放鍵。

李世民
@嬴政 版主能不能給個面子，把這人踢了？@AAA朱溫

順治
阿彌陀佛，最後朱明王朝又被姓李的所滅，是否也是一種輪迴？

順治皇帝是佛系人設，「奈何身在帝王家，心心念念是袈裟」……

.ıll   ∞ % 🔋

< **宇宙第一群(419)**   • • •

朱由校
各位大哥，請問有人要訂製家具嗎？皇家品質，純手工打造，紫禁城地區免運費哦！

李世民
打廣告不用給紅包嗎？版主快來執行一下版規！@嬴政

朱厚照
說到不務正業，我們大明朝還真沒輸過誰。

武則天
高薪招聘男團，薪資日結！

朱由校
小姊姊，可以給你打85折喲！@武則天

武則天
不好意思，發錯群組了！

明朝的很多皇帝，都給人不務正業的印象。比如明武宗朱厚照，有皇室紈絝子弟的形象；還有明熹宗朱由校，是一個出色的木匠。

第五章

原來你是這樣的男團

歷史上的男團會有怎樣的風雲故事……

李存勗
小姊姊收回了啥？

陳叔寶
好奇＋1。

朱由校
好像是說招什麼男團？

高緯
（期待地搓搓手）
那我先來報名，我可以當歌手。

陳叔寶
我可以寫歌詞，@李隆基 可以作曲。

李存勗
我能唱也能演，而且我有組團的經驗。

慕容沖
你們需不需要一個顏值擔當？

劉禪
哈哈哈哈哈，這是名副其實的天團啊！
加上@武則天 剛好6個人，名字就叫六
月天怎麼樣？

 高緯，南北朝時期北齊後
　主，擅長唱歌。

 陳叔寶，南朝陳後主，他
　寫的〈玉樹後庭花〉很出
　名。唐代詩人杜牧就有這
　樣的一句詩：商女不知亡
　國恨，隔江猶唱後庭花。

 李存勗，五代時期後唐開
　國皇帝，超級喜歡戲曲，
　也是知名武力男團十三太
　保的成員，所以說有組團
　經驗。

 慕容沖，十六國時期西燕
　皇帝，也是中國古代十大
　美男之一。

沒想到是這樣的男團……

漢獻帝建安年間，有7位非常厲害的文學家，分別是孔融、陳琳、王粲、徐幹、阮瑀、應瑒和劉楨。曹丕在一篇文章中把他們7人並稱為「建安七子」。除了孔融外（就是孔融讓梨的那位），其餘6人都在曹操和曹丕的手下做事。

三曹（曹操、曹丕、曹植）也是建安文學的代表，關於曹操的詩，大家在國文課上一定讀過，其詩主要以四言為主；關於曹植，「才高八斗」這個成語形容的就是他，他是第一位大力寫作五言詩的人；曹丕則是推動七言詩發展的關鍵人物。

曹植在哥哥曹丕的逼迫下，七步成詩：
煮豆燃豆萁，
豆在釜中泣。
本是同根生，
相煎何太急。

司馬炎，晉朝創始人，父親是司馬昭。

竹林七賢是魏晉時期的文學天團，也是嚮往自由的魏晉風度代表。嵇康是竹林七賢中的核心人物，也是中國古代十大美男之一。後來被司馬昭所殺，殺完之後司馬昭又後悔了（不排除有作秀的嫌疑）。

曹髦因為不滿司馬兄弟的專橫跋扈，說了一句流傳到現在的話：「司馬昭之心，路人皆知也。」

宇宙第一群(419)

曹丕
說到男團，應該要推薦建安七子？

曹操
丕兒，我們三曹也是建安文學的代表唷！

孫權
咳咳，煮豆燃豆萁……

曹丕
你給我閉嘴！@孫權

司馬炎
恕在下直言，竹林七賢難道不是宇宙第一天團？

劉裕
嵇康都被你老爹殺掉了好嗎！@司馬昭

司馬昭
唉，我也很後悔啊……

曹髦
虛偽！司馬昭之心，路人皆知。

話說曹操的兒子真是一個比一個優秀！曹丕、曹植，還有一個被稱為「神童」的曹沖，留有曹沖秤象的典故……實在是不可思議……

趙頊
雖然魏晉有三曹，但我們大宋也有三蘇，也是父子兄弟喔！

趙煦
要我說，宇宙第一天團應該是唐宋八大家吧！你提的三蘇都在這個團，真是太有面子了。

朱瞻基
現在知道來沾別人的光了，當初兩位把蘇學士流放得很過分啊！

朱見深Jason
八大家都不在同一個時代，這樣也能稱為一個團？

🖉 三蘇，就是蘇洵（父親）、蘇軾、蘇轍（弟弟），與三曹齊名。三蘇也是唐宋散文八大家的成員。八大家中，唐朝占兩位（韓愈、柳宗元），北宋占了六位（歐陽修、王安石、曾鞏，加上三蘇）。

🖉 宋神宗趙頊（ㄒㄩˋ），曾因烏臺詩案把蘇軾貶到黃州。在黃州，蘇軾寫下了著名的〈赤壁懷古〉。在宋哲宗趙煦時期，蘇軾又被流放到廣東惠州、海南儋州。雖然一直不得志，一路被流放，但至今一千年來，蘇東坡卻成了家喻戶曉的存在。

李儇
說實話，還是搞男團有知名度！

李漼
真心羨慕！

劉奭
像我們，如果自己不說，誰知道我當過大漢的皇帝。

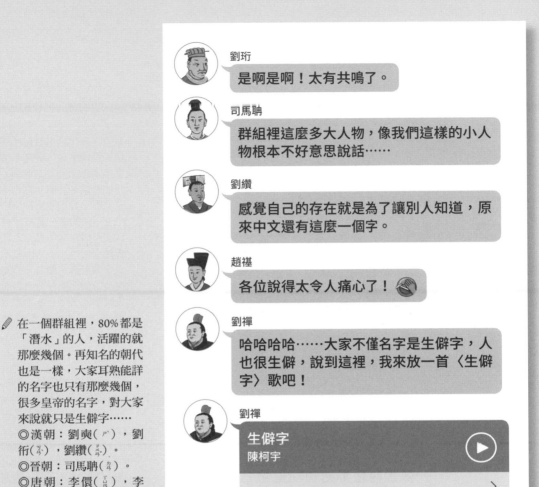

在一個群組裡，80%都是「潛水」的人，活躍的就那麼幾個。再知名的朝代也是一樣，大家耳熟能詳的名字也只有那麼幾個，很多皇帝的名字，對大家來說就只是生僻字……
◎漢朝：劉奭（ㄕˋ），劉衎（ㄎㄢˋ），劉纘（ㄗㄨㄢˇ）。
◎晉朝：司馬聃（ㄉㄢ）。
◎唐朝：李儇（ㄒㄩㄢ），李漼（ㄘㄨㄟˇ）。
◎南宋：趙禥（ㄑㄧˊ）。

所以，有沒有人把各位帝王的名字寫成一首生僻字歌？

李儇

做我們這一行的，很多人的名字裡都有生僻字吧！

趙頊

是啊，這樣子方便避諱。

載淳

說到生僻字，我只服老朱他們家。

溥儀

對啊，貢獻了一張〈元素週期表〉。

朱棣Judy

我老爹真是有先見之明！👍👍

🖊 避諱在古代是很常見的事情，簡單來說，就是不能寫出或說出皇帝的名字。比如紫禁城北門，原來叫玄武門，為了避康熙皇帝「玄」燁的諱，改成了神武門。所以有些皇帝為了方便老百姓，不用總是改名字來避諱，便會在登基後改一個匹配身分且帶有生僻字的名字。宋朝皇帝大概有一半是改過名字的。

🖊 朱元璋給自己的後代制訂了一套取名規則——第二個字是輩分，第三個字要符合五行相生（木生火、火生土、土生金、金生水、水生木）。如果我們要記一個大朝代所有皇帝的出場順序，那麼，明朝皇帝的順序是最容易被記住的（請看左圖）。

🖊 後來，朱元璋的後代實在是太多，字典裡包含金、木、水、火、土的字畢竟是有限的，所以朱家的皇子、皇孫就造了很多字出來。比如錫、鐳、鉻、鈮、汞、鈉、鈷、鈀、鈰、鉀、鋅、鑭、釙、鈦、鋰、鈹、鎘、釩、銪、鉻；烷、烯、烴、炔等。後來，清代徐壽在翻譯〈元素週期表〉和化學著作的時候，就用了這些字。

一張圖輕鬆牢記明朝皇帝

從朱棣開始，最後一個字符合木生火，火生土，土生金，金生水，水生木的規律

無意間，朱元璋對中國化學做出了巨大的貢獻……

立太子的時候，朱棣在朱高熾和朱高煦之間猶豫不決，當時的翰林學士解縉說了一句「好聖孫」（指的是朱瞻基），於是朱棣便決定立朱高熾為皇太子，立朱瞻基為皇太孫。朱瞻基出生時，朱棣（當時還是王爺）曾說：「此乃大明朝之福也。」

明代有3個皇太孫，分別是朱允炆（爺爺朱元璋）、朱瞻基（爺爺朱棣）、朱由校（爺爺萬曆）。朱瞻基的父親（朱高熾）在位10個月，朱由校的老爹（朱常洛）在位只有1個月，是明朝在位時間最短的兩位皇帝。

朱高熾（明仁宗）和朱瞻基（明宣宗）父子倆一起創造了仁宣之治，朱瞻基被稱為「太平天子」，同時又因為愛好玩蟋蟀，還有「促織皇帝」的暱稱。

劉裕是南北朝宋的創始人，也是以武力值著稱的皇帝。南宋著名詞人辛棄疾的那句「金戈鐵馬，氣吞萬里如虎」，說的就是劉裕北伐中原的故事。劉裕所處的時代是一個動盪時期，南方是偏安一隅的東晉，北方有許多封建割據政權。在劉裕起家的過程中，總共有6位帝王死在他的手上，他真是名副其實的「六位帝皇完」。

宇宙第一群(419)

朱瞻基
皇爺爺！

朱棣Judy
好孫兒，大明在你手裡可好？

朱瞻基
爺爺，我和爹爹一起創造了仁宣之治，大家都說讚，我還培養了自己的小愛好呢！

朱棣Judy
哈哈哈哈，你果然是我大明朝之福。

朱瞻基
而且聽說我的兩個兒子也都當皇帝了！

朱常洛
祖宗，我跟你一樣！

武則天
我的兩個老公和兩個兒子也是皇帝。

高歡
我有四個兒子在群組裡。

李顯
居然有人敢在「六位帝皇丸」面前撒野！

劉裕
不好意思，我是「六位帝皇完」。

朱祁鈺
老爸，您確實是大明之福，我哥他就不一定了……

朱瞻基
怎麼了，鈺兒？

朱祁鈺
他搞的土木堡，差點讓大明完蛋。 不但明軍20萬精銳毀於一旦，他自己也被瓦剌俘虜了……

朱瞻基

氣到昏厥

趙佶
這敗家等級跟我有得拚！

朱祁鎮
你怎麼不說說你把我關了7年的事！

朱祁鈺
是我和于謙保住了北京城，你的爛攤子都是我收拾的，你看看你奪門之後幹的那些好事！

劉徹
怎麼吵架都沒有人管了……看來還是要有管理員才行啊！

明英宗（朱祁鎮）時期，瓦剌犯邊，邊境告急。在大太監王振的鼓動下，朱祁鎮親率20萬精銳出征。但因為一些輕率的決定，在土木堡被5萬瓦剌軍打得大敗，明朝的武將菁英和明軍主力幾乎損失殆盡，朱祁鎮也成為俘虜（史稱土木堡之變）。自北宋靖康之恥之後，漢家皇帝再一次成為俘虜。如果不是大臣于謙等人在關鍵時刻保住了北京城，土木堡之變很可能就是明朝版的靖康之恥。

土木堡之變是明朝由盛轉衰的轉捩點，從此，明朝對蒙古（元朝退回北方不久分裂成瓦剌和韃靼）由攻勢轉為守勢。

朱祁鎮被俘後，于謙等大臣力諫他的弟弟朱祁鈺當皇帝。在明軍主力被消滅和皇帝被俘虜的情況下，于謙、朱祁鈺等人成功抵擋住瓦剌的進攻，保住北京，明朝也免於淪為第二個南宋。

瓦剌本以為朱祁鎮奇貨可居，想透過挾持朱祁鎮從明朝撈到好處，可惜明朝沒有同意，在發現朱祁鎮沒有價值之後，瓦剌又把朱祁鎮放回來了。朱祁鎮回到北京之後，被朱祁鈺關了7年，最後在朱祁鈺病重時，奪門而出重登大位（史稱奪門之變）。

朱祁鎮是明朝唯一一個當過兩次皇帝的人，二度上位之後，他逮捕並冤殺了于謙，廢掉了朱祁鈺的皇帝尊號，朱祁鈺死後也不允許葬在明十二陵。

通過朱祁鎮和朱祁鈺的故事，我們可以知道為什麼岳飛想要收復中原，迎回徽欽二帝，趙構卻阻止了他。如果把宋徽宗和宋欽宗接回來，趙構的位子估計也會不穩。

 朱瞻基

你這個敗家子@朱祁鎮，就算為父肯原諒你，列祖列宗也不會饒了你！

 玄燁

看來趙構沒有把兩位接回來是有道理的呀！@趙佶 @趙桓

 趙佶

……

 趙桓

……

朱見深曾被叔叔朱祁鈺廢掉太子之位，後來他不計前嫌恢復了叔叔的皇帝尊號，也平反了被父親冤殺的于謙。

朱見深是個痴情的人，談了一場曠古絕今的姊弟戀，專寵比自己大17歲的萬貴妃一人。

.ıl ∞ % 🔋

< 宇宙第一群(419) ...

 朱見深Jason

叔叔息怒@朱祁鈺，後來我平反了于謙，也恢復了您的帝號。

 朱祁鈺

我姪兒確實大氣！👍👍

 努爾哈赤

我最佩服的還是樓上相差17歲的姊弟戀。

 朱見深Jason

您是哪位？

努爾哈赤

> 成化犁庭還記得嗎？

朱見深Jason

> 你、你是建州女真？你們怎麼會在群組裡？？

萬曆

> 老祖宗，真的是一萬個想不到，他們建立了後金。

皇太極

> 我還建立了大清呢！你們大明之後就是我們大清了……

努爾哈赤

> 想不到吧！當年你滅掉了我的五世祖，100多年後，我取代了你，哈哈哈哈哈哈（一串槓鈴般的笑聲）……

朱見深Jason

想不到啊……想不到……

✎ 朱見深曾對建州女真開戰，殺死了努爾哈赤的五世祖，對當時的建州女真造成毀滅性的打擊（史稱成化犁庭）。

✎ 直到100多年後，建州女真才慢慢恢復元氣。努爾哈赤經過30多年的時間，逐漸統一女真各部，在萬曆時期建立了後金。受靖康之恥的影響，明朝人對金這個國號有陰影，容易引起歷史聯想。為了便於以後入主中原，消除漢人對金國的牴觸心理，皇太極把金的國號改成了大清。

第六章

秦始皇歸來

秦始皇歸來了！

朱元璋
樓上的兩位，你們是當我不存在嗎？

 朱元璋
哪位是滅我大明的凶手？站出來走兩步。

 劉禪
搬個小板凳，有好戲看了。

 朱厚照
搬個小板凳，有好戲看了。

朱厚照已收回訊息

 玄燁
朱老闆，滅明的是李自成，他不在群組裡。

 朱棣Judy
老爹，要不要我派人去找找？找人我還挺專業的。

 朱允炆
……

朱棣有尋找朱允炆的經驗。

1644年年初，崇禎多次催促吳三桂率師前來救駕。因為多種原因，吳三桂的關寧鐵騎行軍速度非常緩慢，還在中途，京師就被李自成攻下，崇禎也在煤山上吊自殺。

後來吳三桂打開山海關，和多爾袞聯合打敗了李自成。幾個月後，清朝從瀋陽遷都到了北京。

1644年是一個值得記住的年分。城頭變幻大王旗*，局勢變化之快，連歷史舞臺上的這些主角都想像不到。紫禁城迎來送往，一年內見證了三位主人（崇禎、李自成、順治）。

吳三桂降清後被封為平西王，鎮守雲南，後來康熙下令撤藩，吳三桂聯合另外兩位藩王反清（打的名號是興明）。三藩之亂歷時8年，最終被康熙平定。

朱溫起初是黃巢的部將，後來投降唐朝，幫著唐朝打黃巢，之後朱溫又逼迫李柷（唐哀帝）讓位給自己，終結了唐朝，建立後梁。

*「城頭變幻大王旗」出自現代詩人魯迅〈無題·慣於長夜過春時〉一詩，意思是指當時軍閥割據，執政者一直變來換去。

宇宙第一群(419)

 朱由檢
所以，最後不是李自成取代了大明？

 福臨
不是的，是吳三桂打開了山海關，跟我皇叔聯合打敗了李自成。

 朱由檢
這一波操作玩得可以啊！難怪京師被困的時候叫他都不來！

 玄燁
後來在三藩之亂中，吳三桂的勢力被我滅掉了。

 李柷
吳三桂這操作風格，跟@AAA朱溫 有點兒像……

 AAA朱溫
怎麼還在說這個哏……

萬曆
不要轉移話題，我大明的滅亡你們女真也有份！

皇太極
不好意思糾正一下，女真後來改成了滿洲。

女真族名被皇太極改成了滿洲。

朱由檢
要不是你們生事，李自成早被我收拾了！

皇太極
這個黑鍋我不背，難道不是因為你性格多疑？

努爾哈赤
沒錯，還是要從自身找原因才對。

朱由檢（崇禎）是萬曆的孫子，崇禎時期，明朝腹背受敵——既有李自成、張獻忠等農民軍，又有皇太極這樣的強敵。然而崇禎性格多疑，不信任臣下，最終錯失了力挽狂瀾的機會。

朱由檢
都是諸臣誤我……

弘曆
明之亡，實亡於萬曆……

萬曆
……

萬曆時期，努爾哈赤在薩爾滸（今遼寧省）打敗了明軍，成為明清興衰的一個轉折點。有個說法是「明之亡，實亡於萬曆」。

萬曆
你給我閉嘴！@弘曆

劉秀是東漢的創始人，也是大漢的皇室後裔。西漢和東漢之間，隔了一個王莽的新朝。

有些朝代在國都淪陷之後，有宗室或皇族跑到別的地方延續了這個王朝。比如西晉滅亡後，司馬睿建立了東晉（司馬睿可能是最弱勢的開國皇帝）；北宋都城陷落後，趙構南渡建立了南宋。

明朝初期曾定都於南京，後來雖然遷都北京，但在南京還是保留了完整的機構配置。失去中原後，東晉和南宋在江南都延續了100多年，但南明持續的時間卻很短。

從安史之亂開始的100多年裡，大唐都城長安總共被攻陷6次，皇帝逃亡9次（唐昭宗李曄一個人占了4次），命非常硬。

宇宙第一群(419)

劉秀
西漢之後有東漢……

司馬睿
西晉之後有東晉……

趙昚
北宋之後有南宋……

朱由檢
史上最弱勢的創始人就不要說話了，好嗎？@司馬睿

李曄
安史之亂後，我們大唐國都六陷，天子九遷，即便如此也延續了100多年。

劉邦Bond
大唐命好硬，果然厲害！👍

朱厚照
哇，007都出來啦，好酷噢！

劉邦Bond
朱棣幫我取的，Louis Bond，他說這個名字特別符合我的氣質。

曹操
朱老弟也說要給我取英文名，老夫硬是沒接受。

趙匡胤

看聊天紀錄，幾位是一家人？@朱元璋 @朱由檢 @萬曆

萬曆

嗯嗯，是的。

趙匡胤

那怎麼兩個姓朱，一個姓萬？

朱元璋

趙老哥有所不知，明朝創立之後，我規定了一個皇帝任期內只使用一個年號。

玄燁

膜拜一下，幫偶像鼓掌！

弘曆

因為年號唯一，所以大家更習慣用年號來稱呼我們了。

劉徹

不錯不錯，年號創始人路過……

武則天

年號註冊達人路過……

趙匡胤

原來如此，長知識了！

唐代以前，往往是用諡號（××帝）來稱呼皇帝。比如漢武帝、漢獻帝、魏文帝……唐代之後，用得比較多的是用廟號（××祖、××宗）來稱呼皇帝，比如唐太宗、唐玄宗、宋太祖……明朝以後，朱元璋規定一個皇帝任期內只用一個年號。因為年號的唯一性，大家習慣用年號來稱呼皇帝，比如崇禎（朱由檢的年號）、康熙（玄燁的年號）、乾隆（弘曆的年號）等。但有些人情況特殊就不只一個，像明朝朱祁鎮有兩個年號，清朝皇太極也有兩個年號。

漢武帝是年號的創始人，總共用過11個年號，明朝以前的皇帝很多都有好幾個年號。

使用年號最多的是武則天，總共有18個。

朱厚照以貪玩著稱,「原諒我這一生不羈放縱愛自由」這句歌詞很適合他。

載淳,清朝同治帝,也愛出宮玩。

宇宙第一群(419) ‹ ···

∞ %

朱厚照
想出宮找點樂子,有沒有人要一起?

載淳
舉手!✋

努爾哈赤
唉喲,大明頑童上線了!

福臨
真羨慕你灑脫的生活態度。@朱厚照

朱厚照
🎤 原諒我這一生不羈放縱愛自由……

玄燁
閣下是不是貪玩了點?!

弘曆
+1

朱厚照
兩位都是六下江南的人,也好意思說我?

載淳
大哥,要不去你的豹房參觀一下吧?
@朱厚照
*

曹操
聽起來好刺激,一起去一起去!

*明武宗朱厚照是個荒淫暴戾的皇帝,豹房是他的別宮,縱情享樂的地方。

完顏亮

算我一個！

司馬炎

觀光團出發！

朱祐樘

就知道玩玩玩，能不能讓為父省點心！
@朱厚照

溥儀

樓上是名副其實的一家三口，古往今來就
這麼一戶了。

雍正

還是一個兒子好，天生具有繼承權。

朱祐樘

一個孩子還是太少，容易被寵壞。

玄燁

孩子多了也不好，九子奪嫡！

朱瞻基

還是兒子沒本事比較令人頭疼。

司馬炎

我兒子不僅沒本事，還是個弱智！

🖉 朱祐樘是唯一貫徹一夫一妻制的皇帝，他長到成年的孩子只有朱厚照一個，所以是名副其實的一家三口，朱祐樘非常溺愛朱厚照。

🖉 康熙兒子眾多，為了爭奪繼承權，發生了九子奪嫡事件（9個兒子參與爭奪皇位），最後四阿哥胤禛勝出（也就是雍正）。雍正為了防止再出現兄弟間爭奪皇位的慘劇，開始實行祕密立儲制度，不再公開設立太子，改由皇帝寫詔書並放置於乾清宮「正大光明」匾額後，直到皇帝駕崩後才能打開並宣布繼承人。

🖉 朱瞻基的兒子是朱祁鎮，也就是土木堡之變中被俘虜的那一個皇帝。司馬炎的兒子司馬衷，是著名的弱智皇帝。

「兒子太有本事，家裡人有壓力」，這裡指的是玄武門之變*和李淵退位。

 李淵

兒子太有本事，家裡人也是很有壓力的！

 朱祁鎮

老爸，好歹給我留點面子！@朱瞻基

 朱瞻基

蠢貨，打輸了就不要說話了好嗎？

 李世民

父皇，退休之後生活可好？

*玄武門之變中，唐太宗李世民設計殺害自己的兄弟，並逼爸爸唐高祖李淵讓位給自己。

.ıl ∞ % 🔋

< 宇宙第一群(419) ···

 嘉靖

好文分享！

 嘉靖

震驚！這個丹藥居然有這麼神奇的效果（深度好文）
馬上看！

 劉徹

這標題讓人有點擊的欲望。

歷史上有很多皇帝沉迷丹藥，比如秦始皇、漢武帝劉徹、唐太宗、唐宣宗李忱、嘉靖等，不少人因為煉丹中毒，反而影響了健康和壽命。

雍正
謝謝大哥分享！

李忱
已轉發家族群組。

嘉靖
群組裡道友好多啊！要不咱們一起合購吧？

嘉靖
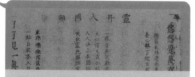
【僅剩6人】揪團購買神奇丹藥，下單請備註群組名。
先搶先贏

李忱
已下單！

雍正
已下單！@嬴政 版主要不要也來開個團？

朱常洛
曾爺爺，不要隨便服用仙丹，別問我是怎麼知道的！@嘉靖

朱由校
順道借問一下，群組裡有人要訂製家具嗎？有的話請私訊我，保證物美價廉……

趙匡胤
這群組又變成廣告模式了……版主是不是出來管一下？@嬴政

道家的鼻祖是老子。老子，姓李名耳，字聃。李唐皇室自稱是老子（李聃）的後裔，所以唐朝皇帝大都信仰道教，很多都服食丹藥。

朱常洛是明朝在位時間最短的皇帝，因為服用紅丸（仙丹），在位僅一個月就駕崩了，給後世留下懸案（紅丸案）。

嬴政
大家安靜一下，哥準備出來了！

 李世民
哇，版主終於上線了！

 嬴政

是時候重現江湖了！

 劉邦Bond
各位同學，快列隊歡迎！

 劉徹
版主，用大紅包來羞辱我們吧！

 劉啟
版主，用大紅包來羞辱我們吧！

 朱厚照
版主，用大紅包來羞辱我們吧！

秦始皇歸來……

李旦
版主，用大紅包來羞辱我們吧！

 嬴政
 一分也是愛

紅包

 劉徹
哇，這紅包比上次的還大！！

 曹操
太闊氣了，謝謝老闆！👍👍

 楊堅
版主一出手，就知有沒有，果然霸氣加倍！

 成吉思汗
太闊氣了，謝謝老闆！👍👍

 司馬炎
太闊氣了，謝謝老闆！👍👍

 弘曆
太闊氣了，謝謝老闆！👍👍

眾人洗版……

武則天
政哥哥好帥！

 武則天
對了，政哥哥，這段時間你去哪裡了呀？

那麼，秦始皇這段時間去哪裡了呢？

第七章

怎麼變成
吐槽大會了

上一篇中，嬴政去哪裡了讓大家很好奇……

武則天

政哥哥好帥！

武則天

對了，政哥哥，這段時間你去哪裡了呀？

李治

咳咳……為夫還在群裡呢！

劉邦Bond

是啊！老哥，好久沒在群裡看到你了。

嬴政

我出去巡遊天下了。

朱厚照

哈哈哈哈！巡遊好玩，政哥是去秦皇島嗎？

嬴政

這次去泰山封禪，山上訊號差，就沒怎麼看訊息。

劉邦Bond

老哥，有一次我還偶遇你的巡遊車隊，太氣派了！

嬴政

你要這麼說，我就有踢人的衝動了！
@劉邦Bond

嬴政
劉徹

世界那麼大，想出去看看……

📝 在古代帝王中，嬴政、劉徹、楊廣、玄燁、弘曆這幾位帝王的巡遊比較出名。

📝 秦始皇東巡到一個地方，派人入海求仙，後來這地方得名秦皇島，秦皇島是中國唯一一個以皇帝帝號命名的城市。

📝 「封禪」是古代祭祀天地的大型典禮。因為以前科技不發達，古代人認為泰山是最高的山，是天下第一山，而帝王是人間最高的象徵，所以帝王封禪大多是去泰山。從秦始皇開始，到宋真宗為止，共有6位皇帝在泰山封禪。

📝 秦滅六國之後，秦始皇曾多次巡遊全國，到過泰山，看過大海，來過江浙，去過湖北。他的車隊曾被劉邦遇到過，劉邦說了一句：「嗟乎，大丈夫當如此也！」他的車隊也曾被項羽碰見過，項羽則說了：「彼可取而代之。」

楊廣開鑿大運河，曾三次下揚州，據說船隊的船隻有數千艘，綿延100多公里。

康熙（玄燁）和乾隆（弘曆）都曾六下江南，而且每次都到南京祭拜明孝陵（朱元璋陵墓）。乾隆下江南，留下了很多民間故事。

楊廣
我也愛巡遊，尤其愛揚州。

玄燁
曾六下江南，六次去南京。

弘曆
此情此景，好想吟一首詩，我開始全身不受控制啦！

此時，弘曆內心唱起了吳克群的歌曲〈為你寫詩〉。

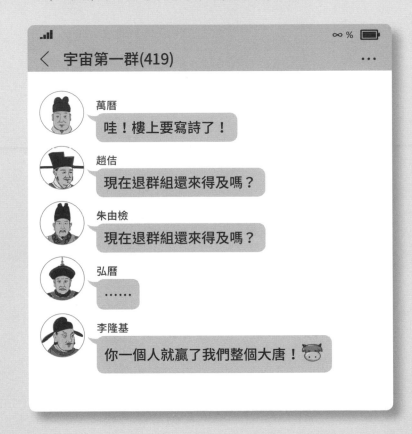

王莽

都說量變產生質變，怎麼到閣下這裡科學規律都不靈了。

成吉思汗

哈哈哈哈哈！像我這種不懂詩的，就根本沒在怕。

弘曆

樓上幾位一定是妒忌我的寫作能力。

李煜

話可別這麼說，你寫了四萬多首詩，有哪一首是需要後人背的嗎？

劉邦Bond

「大風起兮雲飛揚」有一首成名作的飄過……

曹操

同情@弘曆 ，發了幾萬則貼文都沒上過一次熱搜……哪像我有好幾首詩，兩千年來都被人轉貼爆了……

弘曆

呃！怎麼突然變成吐槽大會了……

🖊 王莽是一位非常具有科學精神的帝王，他曾經支持過最早的人體解剖實驗，支持過最早的飛行實驗，還是最早的人工食品研究者（所以安排他說了這句臺詞）。

🖊 乾隆爺酷愛寫詩，一輩子寫了4萬多首詩，跟全唐詩的數量差不多，但沒有一首廣為人知，如果他活在現代，絕對會是瘋狂洗版的人。

許多帝王寫的詩，例如李煜的〈虞美人〉、劉邦的〈大風歌〉、曹操的〈短歌行〉和〈龜雖壽〉等，都是現代人必背的詩詞。

虞美人·春花秋月何時了

作者：李煜

春花秋月何時了？往事知多少。

小樓昨夜又東風，故國不堪回首月明中。

雕欄玉砌應猶在，只是朱顏改。

問君能有幾多愁？恰似一江春水向東流。

大風歌

作者：劉邦

大風起兮雲飛揚。

威加海內兮歸故鄉。

安得猛士兮守四方！

龜雖壽

作者：曹操

神龜雖壽，猶有竟時；

騰蛇乘霧，終為土灰。

老驥伏櫪，志在千里；

烈士暮年，壯心不已。

盈縮之期，不但在天；

養怡之福，可得永年。

幸甚至哉，歌以詠志。

看到眾人嘲諷乾隆，康熙（玄燁）有點護孫心切……

宇宙第一群(419)

玄燁
我想說，論在位時間，樓上的各位都……沒有我長。

弘曆
支持皇瑪法。👍👍
但論壽命，大家都沒有我長……

朱厚照
哈哈哈哈！這一波反擊漂亮！

弘曆
我們祖孫三代在位時間共134年，試問群裡還有誰和我們一樣？

司馬睿
這是真的厲害！👍
我們東晉傳了11個皇帝也才103年。

王莽
真心羨慕！

楊堅
真心羨慕！+1

朱常洛
真心羨慕！+1

完顏承麟
真心羨慕！+1

🖊 康熙（玄燁）在位61年，是中國歷史上在位時間最長的皇帝。

🖊 滿語稱爺爺為瑪法，稱父親為阿瑪。

🖊 乾隆（弘曆）活了89歲，是中國歷史上壽命最長的皇帝。為了不超過爺爺的61年，乾隆提前禪位給兒子嘉慶，在位時長60年，是歷史上第二長。

🖊 康熙、雍正、乾隆祖孫三代加起來，在位總時長134年，清朝入關之後共存268年，這三位剛好占了一半時間。

🖊 王莽的新朝，楊堅的隋朝，都是短命王朝。明光宗朱常洛在位僅一個月，金末帝完顏承麟在位只有一、兩個小時，他們在位時間也都很短。

我們常說的康乾盛世，其實雍正的貢獻也非常大。只不過康熙和乾隆的在位時間都非常長，夾在中間的雍正在位只有十幾年，吃了在位時間短的虧。

康熙是清朝入關之後的第二位皇帝，為了安撫廣大的漢人，康熙六次南巡基本都去拜謁了明孝陵。「治隆唐宋」是康熙對朱元璋的評價，稱讚在明太祖的治理之下國力變得比唐朝和宋朝更加興隆。「遠邁漢唐」是《明史》對朱棣的評價，「幅員之廣，遠邁漢唐」，稱讚明朝的疆域比漢朝和唐朝還要遼闊（這樣的評價有政治目的，所以可能會有過譽的地方）。

西漢的文景之治（由漢文帝劉恒和漢景帝劉啟一起打造）、唐太宗的貞觀之治、唐玄宗的開元盛世、清代的康乾盛世，是中國古代著名的幾個盛世。

< **宇宙第一群(419)** ···

嘉慶
話說我大清還有持續100多年的康乾盛世呢！

雍正
咳咳，路過一下……

嘉慶
不好意思，是康雍乾盛世！

朱元璋
樓上的看來是不把我大明放在眼裡了。

玄燁
豈敢豈敢，朱老闆治隆唐宋，每次去南京，我都會去祭拜明孝陵。

朱棣Judy
各位如果真這麼厲害，怎麼還沒當神呢？

玄燁
求你別抹黑我，大哥英明神武，遠邁漢唐！@朱棣Judy

朱元璋
嗯……還是你會說話！

劉恒
遠邁漢唐？

劉啟
文景之治了解一下？

李世民
貞觀之治了解一下？

 李隆基
開元盛世了解一下？

 玄燁
 各位大哥請放過小弟
紅包

 玄燁

.ıll ∞ % 🔋

< 宇宙第一群(419) ...

 李世民
小伙子EQ不錯，看起來是一位有為之
主。

 弘曆
我皇瑪法8歲登基，15歲除掉權臣鰲拜，
從小就超厲害的。

 劉徹
鰲拜是託孤大臣吧？ *

🖊 司馬懿歷經曹操、曹丕、
曹叡三代後，被魏明帝曹
叡託孤輔佐幼主曹芳，之
後曹魏的大權逐漸被司馬
氏所控制。相比來說，劉
備託孤諸葛亮算是很成功
了。

*託孤大臣是指老皇帝死前，因為
新皇帝尚且年幼，於是委託幾個
得力的大臣務必要好好輔佐新皇
帝，這樣的大臣稱為託孤大臣。

玄燁

是的，然而他並沒有把我放在眼裡。

曹叡

溫馨提示：託孤一定要選對人，要不然你可能會和他在同一個群組！@司馬懿

劉備

還好我選對了，我們家丞相還是很可靠的。

劉協

真心羨慕劉皇叔！

曹操

嗯？

劉協

我啥也沒說啊，岳父！

曹操

如果天下沒有我，不知會有幾人稱王，幾人稱帝，好嗎！

劉備

借用我家丞相的一句臺詞，我從未見過如此厚顏無恥之人！

曹操是漢獻帝劉協的岳父，也是劉協的丞相。曹操挾天子以令諸侯，曾說過：「設使國家無有孤，不知當幾人稱帝，幾人稱王。」

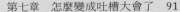

載淳
弱弱地問一句，我能不能把母后拉進來？

載湉
我能不能把我大阿姨拉進來？

溥儀
我能不能把我外婆拉進來？

武則天
哇哦，太棒了！一下子拉進來三位小妹妹。

李世民
據我所知，樓上三位拉的是同一個人吧。

溥儀
是的，前輩。

武則天
老公好厲害，知識好淵博！

李世民
以史為鏡，可以知興替，最近惡補了一下後世歷史！

玄燁
你們這幾個不爭氣的東西，居然被一個女人當木偶耍！@載淳 @載湉 @溥儀

咸豐
真是沒想到，我苦心安排的顧命八大臣，這麼快就被懿貴妃收拾了⋯⋯

 慈禧，葉赫那拉氏，是咸豐的懿貴妃，也是同治（載淳）的母親。慈禧跟光緒（載湉）和宣統（溥儀）有多重關係，她是光緒的大阿姨，同時也是溥儀的乾外婆。

李世民有句名言：「以銅為鏡，可以正衣冠；以史為鏡，可以知興替；以人為鏡，可以明得失。」

咸豐臨終前安排了顧命八大臣輔佐當時尚年幼的載淳（同治）。然而，僅僅幾個月之後，八大臣就被慈禧等人除掉了。所以，清朝後期的同治、光緒、宣統都沒有什麼實權。三人繼位的時候都還只是幾歲大的小朋友，而且都沒有後代。

武則天

好想認識一下這麼厲害的妹妹！

劉盈

根據個人經驗，樓上幾位是被挾持了吧？
被挾持就眨眨眼。

載淳

怎麼可能？

載湉

我不是

我沒有

別胡說

再三否認

嬴政

各位同學，不要隨便拉人啊，已經開啟聊
天室邀請確認了。

玄燁

支持版主，這是皇帝的職業交流群組，沒
有皇帝頭銜的自然不能加入。

秦始皇收到的加好友邀請如下：

✎ 秦朝沒有立皇后，因此呂
雉是歷史上第一位皇后。

載淳
政哥,葉赫那拉就是我母后。

嬴政
呃……今天她瘋狂加我好友,差點想把她封鎖了！

劉邦Bond
怎麼我老婆也想進來……

劉邦Bond
對了老哥,你的阿房宮是項羽燒的。

嬴政
你對我大秦搞的鬼可不比項羽少,別以為我不知道！

劉邦Bond
大哥英明,小弟佩服！

曹操
版主果然大氣魄,這等事情都能釋懷。

朱元璋
時間果然是治癒傷口最好的良藥,罷了罷了,興衰更替,自有天數……

福臨
朱先生能這麼想,實在是本群組之福！

蕭衍

恩怨榮辱，俱歸塵土。
國仇家恨，化作煙雲。
阿彌陀佛，善哉善哉。🙏

弘曆

哇賽！這種氣氛下，好想請大家吃一頓滿漢全席。

✎ 蕭衍，南北朝時期梁朝的創始人，也是蕭何（劉邦的相國*）的後代。蕭衍在位期間曾多次出家為僧，是一位虔誠的佛教徒。所以南朝佛教盛行，有很多寺廟，「南朝四百八十寺，多少樓臺煙雨中」，指的就是這種情景。

✎ 滿漢全席，是清代的宮廷盛宴，是集滿族與漢族菜餚特色和精華而形成歷史上最著名的中華大宴。滿漢全席既有宮廷菜餚的特色，又有地方風味之精華，是中華菜系文化的瑰寶和最高境界。滿漢全席上的菜一般至少有108種（南菜54道和北菜54道）。

第八章

最怕吃貨有文化

有文化的吃貨，是一道怎麼樣的風景……

曹操

版主果然大氣魄，這等事情都能釋懷。

朱元璋

時間果然是治癒傷口最好的良藥，罷了罷了，興衰更替，自有天數。

福臨

朱先生能這麼想，實在是本群組之福！
🙏

蕭衍

恩怨榮辱，俱歸塵土。
國仇家恨，化作煙雲。
阿彌陀佛，善哉善哉！🙏

弘曆

哇賽！這種氣氛下，好想請大家吃一頓滿漢全席。

段譽

這畫面莫名感動，都有點《天龍八部》的感覺了！

蕭衍

要不我們把踢出群組的都拉回來吧！

劉邦Bond

我去邀請胡亥吧！我找子嬰要他的帳號。

趙昚

那我去邀請趙構爸爸。

🖉 劉邦率兵入關之後，子嬰投降劉邦，秦朝滅亡（他們在同一時空見過面，找子嬰應該能要到胡亥的帳號）。

🖉 趙昚是趙構的養子，趙構後來禪位給了趙昚。

李嗣源是石敬瑭的岳父（石敬瑭在第三章被移出了群組）。

李嗣源
要不要把我的女婿也拉進來？

嬴政
連胡亥這逆子都拉了，不差他一個！

劉邦知道要嬴政去邀請胡亥有點拉不下面子，所以主動跳出來說話。

宇宙第一群(419)

嬴政
好了，我們繼續吃的話題。

劉邦Bond
大哥太有魅力了，請受我一拜！

李世民
不愧是大哥，話題的掌控能力好強！

於是，曹丕順勢拋出了吃火鍋的話題。

曹丕
話說，有沒有人要一起吃火鍋？

忽必烈
我我我！火鍋一定要有涮羊肉。

弘曆
超愛火鍋，我還辦過一次5000人的火鍋宴。

朱高熾
只要有吃的活動請務必算上我！✋

朱棣Judy
吃吃吃，就知道吃，看你都胖成啥樣了！😈

趙匡胤
哈哈哈哈，看來群組裡有不少吃貨嘛！

嬴政
真羨慕你們，有那麼多好吃的。

劉徹
政哥，我派張騫出使西域，帶回來很多好吃的東西。

嬴政
哦？帶回來啥了？

劉徹
核桃、黃瓜 、石榴、大蒜、香菜、蠶豆、苜蓿……這些都是他帶回來的。

據記載，三國曹丕時期已有銅製火鍋的出現。

涮羊肉的出現，據說跟忽必烈有關。

朱高熾是一個吃貨，因為太過肥胖，朱棣曾督促他減肥，然而沒有效果。朱高熾是個有能力的好皇帝，和兒子朱瞻基一起創造了仁宣之治，可惜在位不到一年。

秦朝時期菜的種類少，很多我們現在司空見慣的食物，在當時都還沒有傳入（比如辣椒、番茄、西瓜、豆腐等）。

漢武帝派張騫出使西域，帶回來了很多食物，像是核桃、黃瓜、石榴、大蒜、香菜、蠶豆、苜蓿等。2000多年後的今天，這些還是我們的日常食物。

朱棣Judy

厲害！這應該是史上最強代購了！
👍👍

溥儀

太神奇了，這些東西我們到現在還經常吃……

豆腐和豆漿，相傳是淮南王劉安發明的。

劉徹

還有豆腐和豆漿，是淮南王劉安發明的。

漢代是中國飲食文化的重要時期，食物種類的增加也促進了漢朝的人口增長。

弘曆

厲害厲害，沒想到大哥的時代對美食貢獻那麼大！😊

明清是食物傳入我國的高峰期，清朝人口從順治時期的幾千萬增加到乾隆時期的3億，番薯、玉米、馬鈴薯等能獲得高產量的作物對養活大量快速增加的人口起了重要作用，所以有人又把康乾盛世稱為「番薯盛世」。

很多食物從名字就能看出外來的痕跡，尤其是帶「胡」、「番」、「洋」這幾個字的，比如胡蘿蔔、番薯、番茄、番石榴（芭樂）、番木瓜（木瓜）、洋芋（馬鈴薯）等。

辣椒對中國菜系中的川菜和湘菜影響很大。

.ıl   ∞ % 🔋

< 宇宙第一群(419)   ...

萬曆

我大明時好像也傳入了不少美食。

朱由檢

沒錯，辣椒 🌶、南瓜🎃、番薯 🍠、鳳梨🍍、都是在我明朝時傳入的。

溥儀

嗯嗯，明朝也是食物傳入的高峰期，還有馬鈴薯 🥔、玉米 🌽、花生 🥜、番茄 🍅，也是這一時期傳入的。

李世民

這幾樣真的厲害，對後世的影響可大了！

王莽

嗯啊，請趣哥在知識點裡幫大家科普一下吧！

玄燁

趣哥是誰？

劉秀

樓上是不是走錯棚了？ @王莽

趙匡胤

各位大哥太厲害了，連吃都能聊出這麼多知識。

嬴政

我太羨慕後面的王朝了，吃的比我們要豐富多了。

劉邦Bond

羨慕！＋1

玄燁

哈哈哈哈，能讓政哥羨慕可不容易啊！😂

王莽
好想穿越到後世朝代去大吃一頓！

王莽
然後再拍個系列影片，《舌尖上的宋朝》、《舌尖上的明朝》……

劉秀
樓上思想太前衛，完全跟不上！

曹操
話說吃飯怎麼能沒有酒呢？對酒當歌，人生幾何……
喝完酒下半場還可以去唱歌！

高緯
唱歌我喜歡，先報個名！

李存勖
報名＋1

李煜
報名＋1，曹老師，我們可以切磋一下詩詞。

李隆基
唱歌可以來我們梨園，群組裡的朋友一律打7折。

李隆基

我還認識一位大詩人李白，超級愛喝酒，來的話可以介紹你們認識一下。@曹操

 弘曆

兩位老師，我也想和你們切磋一下詩詞。@曹操 @李煜

 曹操

呃！請不要侮辱切磋這個詞好嗎？

 李煜

呃！請不要侮辱切磋這個詞好嗎？

 趙佶

哈哈哈哈，有點心疼樓上！（只有一秒）！@弘曆

 趙昚

拉了趙構爸爸加入群組，版主有時間按一下同意哈！

弘曆

趙老師，要不我們探討一下書畫吧？@趙佶

趙佶

……

弘曆

我是資深文藝青年，也是印章愛好者，我們應該有滿多共同話題的。

趙佶

你看看你在名畫上是怎麼蓋章的，我們完全是兩種不同類型好嗎？😂

乾隆和宋徽宗（趙佶）都是文藝青年，也是印章的愛好者。宋徽宗在名畫上蓋章時很克制，但乾隆有1800多個印章，有時會在喜歡的畫上蓋幾十個章。

陳叔寶

除了蓋章，樓上還狂發彈幕。@弘曆

蕭衍

你看看王羲之的〈快雪時晴帖〉，被你糟蹋成什麼樣子了……🤚

李煜

〈快雪時晴帖〉只有28個字，你卻發了上萬字的彈幕……

東晉書法家王羲之的〈快雪時晴帖〉只有28個字，卻被乾隆寫了上萬字的讀後感（這就像我們看影片時有人不停地發彈幕，只是乾隆發的彈幕關不了）。

劉秀

@王莽 你的舌尖上系列可以找@弘曆 發彈幕！

弘曆

……

趙匡胤

據說我後代的畫也被你蓋章了？

趙佶

為什麼被乾隆收藏過的字畫，都可能貶值？

乾隆很忙，忙著寫詩，忙著蓋章……

劉禪

哈哈哈哈，圍觀吐槽大會現場！

看到兒子被吐槽，低調的雍正也出來了。

< 宇宙第一群(420)　　　　　　∞ %　　　···

雍正

上次不是已經吐槽過了嗎，怎麼現在又來！

劉邦Bond

拉了胡亥回來，老哥同意一下哈！@嬴政

朱厚照

樓上有紅的潛力@弘曆，如果做一期《吐槽大會》，應該會很紅！🔥

趙孟頫是元初的大畫家，也是宋太祖趙匡胤的後代。乾隆爺視趙孟頫為偶像，所以，趙孟頫的畫作也被乾隆蓋章並寫了讀後感。

朱厚照
呼叫旦總！@李旦 *

 李旦
來了來了，剛剛在開節目策畫會。

 李旦
弘曆老師，有沒有興趣來當一集主角？
@弘曆

 弘曆
呃，我可是有十全武功的十全寶寶，不接受吐槽。

 劉禪
互相吐槽可以減輕工作壓力嘛！

 朱厚照
是啊是啊！

 弘曆
看不出來兩位有什麼工作壓力啊！😂

趙昚邀請趙構加入聊天室

 雍正
玩cosplay倒是滿抒壓的。

 弘曆
老爹，我也愛玩cosplay。

 載淳
我母后也愛玩，還扮過菩薩。

*此處是取中國知名脫口秀演員、節目策畫人「蛋總」李誕名字的諧音。他的代表作品有熱門喜劇節目《吐槽大會》、《脫口秀大會》等。

乾隆自我總結一生有十全武功，所以自稱「十全老人」，十全武功指的是乾隆時期發生的10次重大軍事行動。

雍正是一位非常勤奮的皇帝，但在工作之餘喜歡扮演各種角色的人物，並讓宮廷畫師畫下來，所以在網路上被戲稱為中國「cosplay（角色扮演）鼻祖」。

除了雍正以外，乾隆和慈禧也有過 cosplay，只是沒有雍正玩得出名。

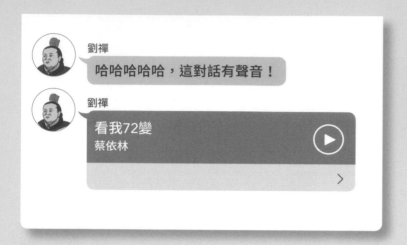

劉禪配的音樂太貼切了啊！

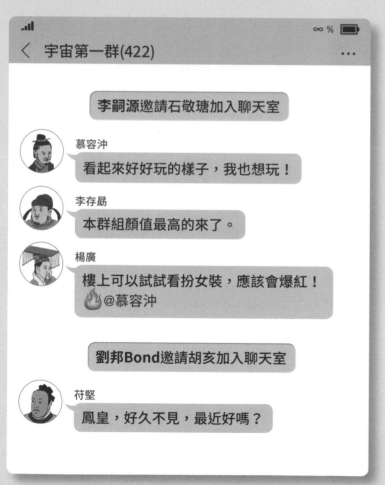

慕容沖，字鳳皇，以長相俊美著稱，中國古代十大美男之一。淝水之戰後，把前秦皇帝苻堅趕出了長安城。

等了一陣子沒看見回覆，
於是苻堅向慕容沖發送了好友邀請……
慕容沖選擇無視，並封鎖了苻堅……
版主嬴政逐個同意了加入群組的要求，
然後大家提議選管理員。

宇宙第一群(422)

劉邦Bond
退群組的同學又回來了！

胡亥
謝謝邦叔！

李隆基
不錯不錯，我們的宇宙第一群又完整了，強迫症患者感覺很舒服。

劉徹
對了，版主，群組不可一日無人管理，要不多設幾個管理員吧？這樣你不在的時候也有人維持秩序。

李世民
附議。上次群組裡有人打廣告，版主不在就一點辦法也沒有。

嬴政
此言有理，想申請管理員的同學開始報名吧！

所以，下一章的管理員選秀，會採用什麼形式呢？

第九章

管理員之爭

這麼多位皇帝在一個群組裡，簡直猶如神仙打架。
那麼，誰應該當管理員呢？

劉邦Bond

退群組的同學又回來了！

胡亥

謝謝邦叔！ 👏

李隆基

不錯不錯，我們的宇宙第一群又完整了，強迫症患者感覺很舒服。

劉徹

對了，版主，群組不可一日無人管理，要不多設置幾個管理員吧？這樣你不在的時候也有人維持秩序。

李世民

附議。上次群組裡有人打廣告，版主不在就一點辦法也沒有。

嬴政

此言有理，想申請管理員的同學開始報名吧！

胡亥

父皇，競選管理員工作繁重，需不需要兒臣為您分憂？

嬴政

你給我閉嘴，真不想看到你說話！

趙匡胤
對了版主，要不要統一改下大家的暱稱？
這樣比較好認。

嬴政
沒問題，我發一下公告。

嬴政
@所有人 請大家改一下自己的暱稱，
格式：諡號、廟號或年號＋姓名

嬴政
各大王朝創始人麻煩通知一下你們的後
代。

漢高祖-劉邦
收到！👌

唐太宗-李世民
收到！👌

宋太祖-趙匡胤
為了方便通知，看來有必要建個大宋自己
的群組。

洪武-朱元璋
版主，明朝之後就用年號＋姓名來標注了
哈？！

嬴政

沒問題

朱厚照

@唐太宗-李世民 貴朝創始人不是@李淵嗎？

唐高祖-李淵

咳咳，我兒子出面等於我出面。

唐太宗-李世民

@朱厚照 關你什麼事？

唐高宗-李治

@朱厚照 就你愛多管閒事，請改下群組暱稱，謝謝！！

正德-朱厚照

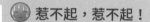 惹不起，惹不起！

萬曆-朱翊鈞

版主，改好了。

雍正-胤禛

改好了。

咸豐-奕詝

改好了。

嬴政

好der，管理員競選同步進行吧！報名請繼續……

嬴政

後世有作為的小朋友都可以報名秀一下，每個王朝的創始人都表演一下才藝吧！

劉禪

哇……有好戲看了，這競爭大概比搶皇位還激烈！😭

嬴政

@劉禪 小劉，請改一下群組暱稱！

三國-劉禪

嗯嗯，改好啦！

三國-劉禪

（搬個小板凳，準備看好戲）

19:28

三國-曹丕

（最怕空氣突然安靜）
怎麼大家突然變得這麼謙讓了！

✎ 漢獻帝劉協被曹丕接管以後，「主動」求曹丕接手傳了400多年的漢家江山，曹丕推讓了三次，最後才「勉強」接受禪讓（這情形跟小時候領長輩的紅包是不是很像，嘴上說著不要，身體卻很誠實）。

中國人在聚會的時候，都會經歷一段尷尬又不失禮貌的階段。比如誰最先坐下、誰先夾第一筷子的菜……在相互謙讓的氛圍下，就會陷入短暫的沉默狀態。曹丕毫無疑問深諳這一點，看到幾分鐘都沒有人報名，他忍不住回了一句。

漢高祖-劉邦

咳咳，群組裡除了政哥，就數我年齡最長，那我先報個名吧！

漢高祖-劉邦

我漢家子孫有大作為者，都出來報一下名！

漢文帝-劉恒

緊跟老爹的步伐，我和我兒子@漢景帝-劉啟 創造了群組裡第一個盛世，報名！＋1

乾隆-弘曆

原來還可以用組合的形式參選？那我和我爺爺也報一個！😁

洪武-朱元璋

大位之爭，各憑本事，不能組隊吧！

洪武-朱元璋

作為大明的開創者，我也報個名先。

南朝-宋武帝-劉裕

我也來湊個熱鬧，報名＋1

嬴政

大家不要急，按時間順序來哈！

✎ 文景之治是中國帝制時代的第一個盛世，為後來漢武帝北擊匈奴、開疆拓土打下了堅實的基礎。

漢武帝劉徹雄才大略，開創中國歷史上很多個「第一」，他開闢了絲綢之路，開疆拓土把西漢的疆域擴大了整整一倍。漢武帝後期，因為連年用兵等原因，國力極度損耗，結果「海內虛耗，戶口減半」，西漢王朝陷入危機。

所幸漢武帝之後的漢昭帝和漢宣帝都很優秀，逐漸扭轉了西漢衰退的趨勢。到了漢宣帝時期，匈奴單于率眾入朝向漢朝稱臣，這讓漢匈之間100多年的龍爭虎鬥，最終以漢朝取得勝利告終。後來，西漢疆域進一步擴大，西域諸國也納入漢朝版圖。

贏政
漢朝還有沒有人要報名？

19:32

劉徹

怎麼能少了我！

劉徹
政哥，加我一個，後世有人把我們並稱秦皇漢武。

漢宣帝-劉詢
@劉徹 曾爺爺，告訴您一個好消息：匈奴後來入朝稱臣，西域諸國也納入大漢版圖了。

劉徹
好曾孫，幹得漂亮！👍👍👍
你中興漢室有功，也來報個名吧！

贏政
呵呵 @劉徹

贏政將劉徹移出了聊天室

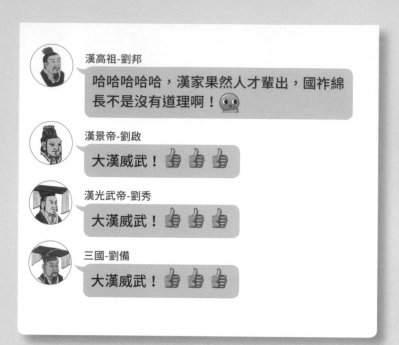

就在大家聊得正熱烈的時候，劉徹被移出了群聊。

然後，嬴政收到了一則私訊。

✎ 漢武帝晚年曾下《輪台罪
　己詔》，反省自己的錯
　誤。

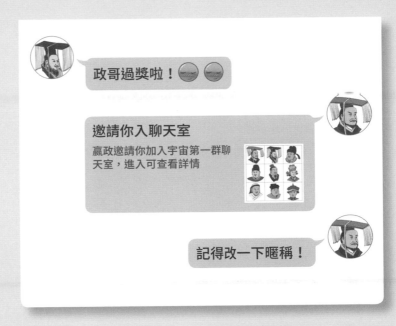

身在此群，認錯實屬不易，於是嬴政把劉徹重新拉回了群組裡。

作為與漢朝並稱的朝代，看到漢朝這麼出風頭，李世民心裡不免有些酸溜溜的。

✏ 漢宣帝之後，西漢國力開始走下坡。50多年後，王莽篡漢，建立新朝。

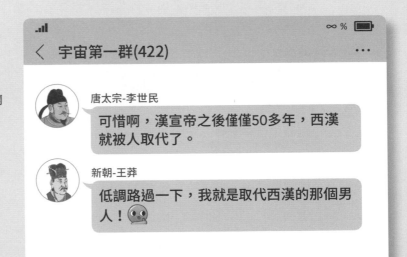

漢光武帝-劉秀

王莽沒啥能耐，40多萬大軍打不過我不到2萬人，還好意思在這裡炫耀！ 👎

漢更始帝-劉玄

篡漢老禿驢，信不信我們綠林軍再滅你一次！

漢光武帝-劉秀

各位祖宗放心，大漢的國祚又被我接上了。

新朝-王莽

你這麼優秀，你家裡人知道嗎？

漢景帝-劉啟

秀兒好棒！ 👍👍👍
家裡人都知道你很優秀！

漢高祖-劉邦

你既是中興之主，又是開國之君，可以說是一枝獨秀。管理員之位，你也來報個名吧！

漢明帝-劉莊

老爸是天選之子，支持老爸！

漢章帝-劉炟

爺爺是帝中之秀，支持爺爺！

漢光武帝-劉秀

謝謝各位家人的支持，報名！＋1

劉秀看到劉秀這麼優秀，作為老對手的王莽自然要反駁幾句。

劉秀是漢景帝的六世孫，被稱為「位面之子」*。在昆陽之戰中，劉秀以不到2萬人的兵力打敗了王莽40多萬大軍。不久之後，劉玄的綠林軍攻入長安，新朝滅亡。之後，劉玄被赤眉軍和劉秀所滅。

綠林軍是中國歷史上著名的起義軍之一，劉秀也曾投奔到綠林軍旗下。大家熟悉的「綠林好漢」這個叫法，也是源自這裡。

劉秀建立東漢，既是開國之君，又是中興之主，幾乎沒什麼被人詬病的地方，稱得上是一枝獨秀。而且很多成語的主角都是他，比如推心置腹、樂此不疲、得隴望蜀等。

*位面之子是指運氣極佳，開外掛的意思。位面原出自科幻小說，有小宇宙之意。歷史上的劉秀原本不起眼，竟然能在亂世中存活並且開創東漢，故而稱之。

東漢的前三位皇帝（劉秀、劉莊、劉炟）在位期間，是國勢上升期。劉秀開創了光武中興，他的兒子劉莊（漢明帝）和孫子劉炟（漢章帝）共同開創了明章之治。

東漢是一個外戚和宦官競相爭權的朝代，也是一個盛產娃娃皇帝的朝代。漢章帝之後，繼位的幾乎全是年幼的皇帝，平均登基年齡只有八、九歲。中國壽命最短的皇帝中，東漢就有好幾位。比如：登基時剛出生滿百日、一歲夭折的漢殤帝劉隆，是繼位年齡最小、壽命最短的皇帝；還有只活了八歲的漢質帝劉纘，和活了兩歲的漢沖帝劉炳（間接說明了真實歷史的殘酷）。

新朝-王莽

東漢開局是很厲害，中後期卻是弱者了，連續10個皇帝都是小孩子，請問你們是怎麼做到的？

漢質帝-劉纘

老爺爺你欺負人！我只是個八歲大的孩子！

漢沖帝-劉炳

我只是個兩歲大的孩子！

漢殤帝-劉隆

我只有一歲！

漢獻帝-劉協

太過分了！

漢獻帝-劉協

雖然我們小孩子多，國祚好歹也延續了195年。你的新朝嘛，給你個眼神自己體會……

漢光武帝-劉秀

回答得漂亮，誰說我們東漢無人！

新朝-王莽

除了你和劉協，你們還有其他厲害的人嗎？劉協還是蹭《三國演義》的知名度才出名的。

漢獻帝-劉協

那也好過新朝一世而亡。

新朝-王莽

挾天子以令諸侯的滋味爽不爽？
@漢獻帝-劉協

漢獻帝-劉協

這個問題你tag錯人了！

三國-曹操

是奉天子以令不臣，王莽你說話注意點！

新朝-王莽

打字太快沒控制住！（尷尬又不失禮貌的微笑）

三國-曹操

至於爽不爽……說不爽吧……有點假，大概有那麼一點吧！

三國-曹操

三國-曹操

我這麼做主要也是為了匡扶漢室。

三國-劉備

我的天，你怎麼把我的台詞搶了？！

三國-孫權

還能再假一點嗎？奸雄！

🖊 謀士毛玠向曹操建議：「奉天子以令不臣*，修耕植，蓄軍資，如此則霸王之業可成也。」但是，1000多年來，人們更傾向用「挾天子以令諸侯」來形容曹操的這種行為。

* 奉天子以令不臣：以尊奉天子為名義，來號令那些不服從朝廷的大臣。

< 宇宙第一群(422) ···

新朝-土莽

曹老弟，你是三國的風雲人物，知名度超過前面不少漢朝能人，怎麼不報名個管理員？@三國-曹操

三國-曹丕

王老師有眼光，我老爹不僅是一代梟雄，還是一代大文學家，可以說是文武全才了。

三國-曹操

哈哈哈哈，承蒙王兄抬愛，感謝感謝！

群裡大哥雲集，那我報名湊個數吧！

三國-孫權

笑得好假……

新朝-王莽

總覺得跟你們爺倆很投緣，大概是因為我們都是大漢的終結者吧！

三國-曹丕

終結者，這名字我喜歡。

新朝-王莽

乾脆我們組個終結者聯盟吧。

三國-曹操

別拉上我哈！

五代-朱溫

大哥，加我一個！✋

王莽，是西漢的終結者；
曹丕，是東漢的終結者；
朱溫，是唐朝的終結者。

看到王莽和曹丕在群裡炫耀篡漢，
漢朝諸帝的內心分外不是滋味……
此時，不太起眼的漢元帝出手了……

宇宙第一群(422)

三國-曹丕

插播問一下，群組裡有人掉髮嗎？最近飽
受髮際線後退的困擾！

新朝-王莽

掉髮＋1，我也在為髮際線煩惱！

漢元帝-劉奭

知道你們為什麼掉髮嗎？

三國-曹丕

為啥？

新朝-王莽

姑父，你知道原因？

漢元帝-劉奭

篡我強漢者，雖遠必禿！

新朝-王莽

吐血

史書上記載，王莽和曹丕
都有掉髮的困擾，並且都
為髮際線做過努力。

這句話改自歷史上極為霸
氣的話「明犯強漢者，雖
遠必誅」，是西漢名將陳
湯在給漢元帝劉奭的上疏
中說的（所以安排劉奭來
反擊比較合適）（很多人
可能會誤以為這句話出自
漢武帝時期，其實是漢元
帝時期）。

三國-曹丕

吐到倒地不起

 漢武帝-劉徹

哈哈哈哈，這一波反擊得漂亮！ 👍👍

 漢光武帝-劉秀

優秀，這個反擊厲害！

 五代-朱溫

樓上的，西漢就是從你手裡開始衰落的吧！📱 @漢元帝-劉奭

 三國-曹丕

元帝是個好人，可惜不是個好君。

 萬曆-朱翊鈞

也就是說，西漢之亡，實亡於元帝？

 漢元帝-劉奭

……

 新朝-王莽

姑父，民國有位史學大家也說：漢室盛衰，當以宣、元為界。

 漢元帝-劉奭

聽不懂你在說什麼，感覺我們不是同一個時代的！

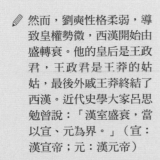 然而，劉奭性格柔弱，導致皇權勢微，西漢開始由盛轉衰。他的皇后是王政君，王政君是王莽的姑姑，最後外戚王莽終結了西漢。近代史學大家呂思勉曾說：「漢室盛衰，當以宣、元為界。」（宣：漢宣帝；元：漢元帝）

第十章

復仇者聯盟

在上一集的最後，漢元帝怒斥王莽和曹丕：
「篡我強漢者，雖遠必禿！」

然後，嬴政在群組裡更新了報名情況。

嬴政
> 插播一下，目前收到以下幾位同學的報名：
> 漢高祖-劉邦
> 漢文帝-劉恒
> 漢武帝-劉徹
> 漢宣帝-劉詢
> 漢光武帝-劉秀
> 三國-曹操

嬴政
> 下一位該誰上場了？

唐太宗-李世民
> 應該到南北朝了。

五代-柴榮
> 是的，南北朝有幾個神人。

晉武帝-司馬炎
>
> 等一下

晉武帝-司馬炎
> 不是該輪到我們晉朝了嗎？

🖉 三國時期，大神雲集。司馬懿憑藉著在職時間長，成功熬死曹操、曹丕、曹叡祖孫三代，也熬死了幾乎所有勁敵。在高平陵之變中，一直蟄伏的司馬懿，趁著曹氏集團離開都城到高平陵祭祖，發動政變控制了京都，從此曹魏的大權落入司馬氏手中。

🖉 經過司馬懿、司馬師、司馬昭、司馬炎三代四人的努力，司馬炎建立了西晉，三國也歸於一統。東漢末年分三國，優秀的武將比比皆是，厲害的謀士層出不窮，司馬家成了笑到最後的人。

🖉 然而，在所有大一統的王朝中，西晉的存在感很低，甚至可以被忽略不計，因為它的統一只維持了很短的時間。不久之後的八王之亂和永嘉之亂，導致了之後200多年的戰亂和分裂。

晉文帝-司馬昭

是啊，割據一方的曹魏都可以報名，我兒子創建的好歹是大　統工朝。

 新朝-王莽

恕我直言，我沒見過這麼弱的大一統……

 三國-曹丕

那晉朝就直接忽略吧，下一個！

 晉文帝-司馬昭

弱？我們可是三國笑到最後的人。順便說一句，鄙視樓上的兩位！ 支持@漢元帝-劉奭

 晉武帝-司馬炎

鄙視樓上的兩位！ 支持@漢元帝-劉奭

 晉元帝-司馬睿

鄙視樓上的兩位！ 支持@漢元帝-劉奭

 三國-曹叡

要不是司馬懿待機時間長，哪有你們笑的份。

看到上一集中曹操報了名，司馬家也想競爭管理員。於是，曹魏和司馬開始了一波脣槍舌劍。

三國-曹丕

@晉文帝-司馬昭 閣下發起狠來連自己的臉都打,家族名號果然名不虛傳! 👍😂

三國-曹操

哈哈哈哈,丕兒反擊得漂亮,老夫也從未見過如此厚顏無恥之人!

晉文帝-司馬昭

螳螂捕蟬,黃雀在後,我是給漢家出一口氣好嗎?

永樂-朱棣

震驚!居然有人能把搶位置說得這麼清新脫俗……

唐太宗-李世民

震驚!居然有人能把搶位置說得這麼清新脫俗……

三國-孫權

樓上比曹孟德還假!

三國-劉備

我們也是漢家,那你滅了我們是怎麼回事?

晉文帝-司馬昭

好尷尬!

✎ 司馬昭藉著支持漢元帝,暗諷曹丕篡漢,但他自己實際上也想著篡魏(所以曹丕嘲諷司馬昭發起狠來連自己的臉都打)。「司馬昭之心,路人皆知」,這句話流傳至今。

✎ 螳螂捕蟬,黃雀在後。在這裡,東漢是蟬,曹魏是螳螂,司馬氏是黃雀。先是曹魏取代東漢(曹丕接受漢獻帝禪讓稱帝),40多年後,司馬家又用同樣的手法取代了曹魏。

✎ 在聊天室中,司馬昭話說得好聽,說是給漢家出一口氣。然而,劉備是漢室後裔,他建立的蜀漢是被司馬昭所滅(所以劉備跳出來嘲諷了一下司馬昭)。此外,東吳也是在晉朝建立之後被滅的,司馬昭的兒子司馬炎建立西晉後,滅了東吳。

司馬昭說給漢家出一口氣，有博取好感的嫌疑。在第一章中，朱棣被人嘲諷「把搶位子說得清新脫俗」，而這次連朱棣都有點看不下去了。

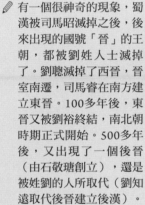

有一個很神奇的現象，蜀漢被司馬昭滅掉之後，後來出現的國號「晉」的王朝，都被劉姓人士滅掉了。劉聰滅掉了西晉，晉室南遷，司馬睿在南方建立東晉。100多年後，東晉又被劉裕終結，南北朝時期正式開始。500多年後，又出現了一個後晉（由石敬瑭創立），還是被姓劉的人所取代（劉知遠取代後晉建立後漢）。

劉聰滅西晉的過程中，先後俘虜了兩位晉朝皇帝（另外一次兩位皇帝被俘虜，是北宋末年的宋徽宗和宋欽宗）。西晉滅亡之後，中原大亂，大量的人口逃往南方，史稱衣冠南渡。司馬睿在南方建立東晉，定都建康（今南京），而北方則進入了混亂的十六國時期。

宇宙第一群(422)

宣統-溥儀
說來也是神奇，晉滅蜀漢之後，後面國號「晉」的朝代，都被姓劉的同學滅了。@十六國-劉聰 @南朝宋-劉裕 @五代-劉知遠

十六國-劉聰
我打敗了西晉，俘虜了兩位晉帝。

宋徽宗-趙佶
這畫面莫名有點熟悉。

隋文帝-楊堅
北方自此進入十六國時期了。

南朝宋-劉裕
後來我終結東晉建立南朝宋，開啟了南北朝時代。

五代-劉知遠
還有一個後晉，是被我們後漢取代的。

三國-劉禪
讚，歷史果然比小說還要精采！

宣統-溥儀
而且，帶領百官逼晉帝禪位的，正是曹魏的子孫。

南朝宋-劉裕
沒錯，是陳留王。@曹虔嗣

南朝宋-劉裕
噢！他不在群組裡。

三國-曹奐
哈哈哈哈，原來我的陳留王國時間比晉的國祚還要長……

三國-曹髦
天道好輪迴啊，蒼天饒過誰！

新朝-王莽
哇賽！漢魏晉三家的恩恩怨怨，簡直可以拍一部《復仇者聯盟》了。

 司馬炎建立西晉後，把魏國最後一任皇帝曹奐封為陳留王。讓人不可思議的是，歷任陳留王們不僅見證了西晉和東晉的滅亡，而且陳留國的持續時間比西晉、東晉加起來的存在時間還長。東晉末年，當時的陳留王曹虔嗣帶領百官逼晉帝禪位給劉裕，也算是報了150多年前的一箭之仇。

奇怪的是，群組裡聊晉朝聊得如火如荼，作為奠基人的司馬懿卻始終沒有出現……

．ııl ∞ % 🔋
〈 宇宙第一群(422) …

三國-曹丕
群裡聊得不可開交，怎麼沒見司馬懿出來？

他究竟幹嘛去了呢？
原來他默默拉了一個家族群組……

司馬懿邀請司馬昭加入

司馬懿邀請司馬炎加入

司馬懿邀請司馬睿加入

 司馬昭
父親，群組裡的管理員競選，我們要不要也參與一下？

 司馬懿
嗯，自然是要的。

 司馬昭
父親這邊有何安排？

 司馬懿
我們可以把炎兒推出來，昭兒你從旁掩護。先諷刺一下曹魏，再以為大漢出氣的名義抱漢朝大腿，或許大事能成。
其他人就看準機會站出來造勢，幫晉朝刷一波存在感。

 司馬昭
父親英明，孩兒這就去辦！

 司馬炎
爺爺好厲害，孫兒佩服！ 👍👍👍

司馬懿號稱冢虎，性格隱忍，善於蟄伏，雖然他在宇宙第一群裡沒有說話，但早就在家族群組裡開始了部署。

他的策略是，先諷刺曹魏割據一方來反襯晉朝的大一統，再以為漢朝出氣的名義抱漢朝的大腿。曹魏篡漢是漢朝的心結，如果能壓一下曹家的氣勢，再獲得漢朝諸帝的好感，或許在管理員競選中，司馬家也能贏過曹家。

司馬氏不僅在歷史上取代了曹魏，在管理員競選上也想勝過曹家。司馬懿在家族群組裡分好工後，幾位成員就在宇宙第一群裡造勢了。於是，便有了前面的聊天內容。

不知不覺間，話題被帶偏……
晉朝也刷了一波存在感……

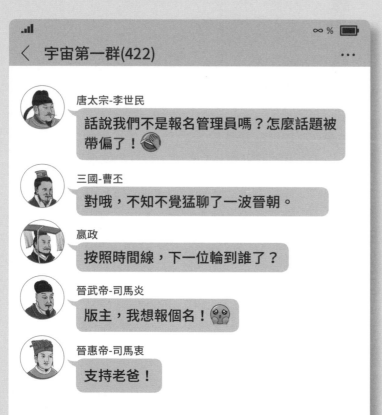

司馬衷是司馬炎的兒子，也是西晉的第二位皇帝，據說智商偏低。

西晉滅亡之後，潘多拉盒子被打開，中原大地開始了將近300年的亂世，先是持續100多年的東晉十六國（北方是十六國，南方是東晉），在劉裕代東晉自立之後，歷史進入南北朝時期。

隋文帝-楊堅

西晉雖然短暫統一，但之後卻是長達近300年的分裂和戰亂……

唐太宗-李世民

前面100多年是十六國，這段時期北方的漢人太可憐了，這可是建立過雄秦強漢的漢民族啊！

宋太祖-趙匡胤

這一段太有感了！

永樂-朱棣

有感！＋1

嬴政

……

嬴政

我要發瘋！😠😠

這段時期，王朝更替頻繁，英雄人物輩出，卻也是令漢人難以承受其重的時代。

宇宙第一群(422)

∞ %

新朝-王莽

版主息怒，我記得史學家陳寅恪說過一個觀點，稍等我找找原文。

19:25

新朝-王莽

找到了！😊
「取塞外野蠻精悍之血，注入中原文化頹廢之軀，舊染既除，新機重啟，擴大恢張，遂能別創空前之世局。」

唐太宗-李世民

是的，後來我們又開創了盛唐。

19:28

嬴政

剛剛我差點情緒失控。

🖊 這一段話是取自史學家陳寅恪對於大唐崛起原因的觀點。

🖊 經過幾百年的大紛爭和大融合，原本開始頹廢的漢文化重新煥發新的生機，於是有了後面的盛世大唐。

看了陳寅恪的觀點，嬴政的情緒慢慢平復了下來，轉而開始好奇這200多年有沒有出過幾個神人。

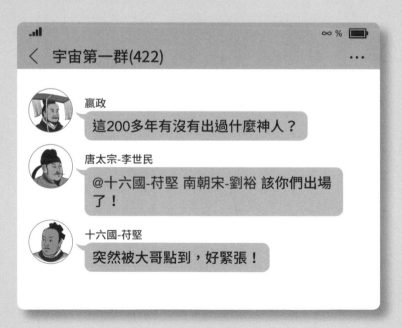

.ıl   ∞ % 🔋
‹   宇宙第一群(422)   ⋯

嬴政

這200多年有沒有出過什麼神人？

唐太宗-李世民

@十六國-苻堅 南朝宋-劉裕 該你們出場了！

十六國-苻堅

突然被大哥點到，好緊張！

十六國時期，前秦的苻堅堪稱一代雄主，在宰相王猛的輔佐之下，前秦國力強盛，苻堅第一次實現了一統北方。王猛去世前曾勸苻堅不要攻打東晉，先解決好內部問題。但是，苻堅終究沒有聽王猛的建議。西元383年，苻堅率師百萬伐晉，卻被謝安在淝水打得大敗。前秦快速崩盤，原本歸附前秦的國家和勢力，紛紛趁機獨立。不久之後，苻堅也被人滅掉了。

 十六國-苻堅

 三國-劉禪

這表情收藏了！😀

 唐太宗-李世民

你也算是十六國時期的一代雄主，本來有機會提早結束亂世的。

 十六國-苻堅

只可惜淝水之戰後，前秦快速崩盤，本來統一的北方又四分五裂了……

 十六國-苻堅

如果沒有這次失敗，或許我還可以競爭一下管理員，這次還是先不報名了吧！😂

歷史上出現過很多次北伐（從南往北打），僅東晉就有好幾次，劉裕的北伐一度收復洛陽、長安兩都，這讓同樣想收復中原的辛棄疾不禁怒讚：「想當年，金戈鐵馬，氣吞萬里如虎。」

.ıl ∞ % 🔋

< 宇宙第一群(422) ···

 南朝宋-劉裕

@十六國-苻堅 我也是好大的遺憾，你是南侵東晉失敗，我是北伐中途有急事趕回！😊😂

 十六國-苻堅

注意用詞哦兄弟，是南征好嗎？

宋高宗-趙構

劉老師的北伐確實霸氣，想當年，金戈鐵馬，氣吞萬里如虎！

洪武-朱元璋

@宋高宗-趙構 樓上的，你說這話不尷尬嗎？

宋高宗-趙構

永樂-朱棣

歷史上北伐成功的案例極其少，我老爹算是一個吧。

宋理宗-趙昀

蕭相守關成漢業，
穆之一死宋班師。
赫連拓跋非難取，
天意從來未易知。
突然想起本朝陸游的這首詩，感覺挺適合劉老師。@南朝宋-劉裕

南朝宋-劉裕

哈哈哈哈哈，都被捧得有點不好意思了！那我報名湊個數吧！

南朝宋-劉裕

不知道為啥，總覺得我跟南宋的小朋友很有緣。

宋理宗-趙昀

可能因為我們的國號都是「宋」吧，而且都想收復中原，有共同點。

歷史上北伐成功的案例非常非常少，朱元璋的北伐算是一次。

可惜在劉裕的北伐中，坐鎮後方的軍師劉穆之病死，劉裕憂慮後方，於是率師南歸，停止了北伐。後來，陸游讀到這一段的時候寫了這首詩。（釋義：蕭何坐鎮後方，使前線的劉邦少了後顧之憂，因而成就了漢朝的基業。同樣是管理後方，劉穆之不幸病死，這使得正在北伐的劉裕不得不班師南歸。其實赫連勃勃的夏和拓跋氏的北魏當時並不難取，誰知坐鎮後方的人突然就死了，真是天意難料啊！）

劉裕建立的宋和趙構建立的南宋，國號都是「宋」，而且都在南方，他們也都想恢復中原。然而，南宋的北伐不順利，甚至讓人心碎，所以辛棄疾、陸游等南宋詩人才會把情感投射在劉裕的北伐上。

符堅之後，北魏太武帝拓跋燾再次統一了北方，此時已經是南北朝時期。

劉裕和符堅曾生活在同一時空，淝水之戰的時候，當時45歲的符堅是手握百萬兵馬的王者，而那時才20歲的劉裕還只是一個一無所有的小兵，所以他們並沒有碰上。劉裕和拓跋燾也曾在同一時空，劉裕駕崩的第二年，拓跋燾登基，所以這兩大戰神級人物也沒有正面交鋒。

拓跋燾碰上的是劉裕兒子劉義隆……劉義隆也曾北伐，還有過封狼居胥*的小目標，卻被戰神拓跋燾打得大敗。同樣的一首詩中，辛棄疾吐槽劉義隆：「元嘉草草，封狼居胥，贏得倉皇北顧。」

*封狼居胥：出自於漢朝戰將霍去病，曾把對中原虎視眈眈的匈奴逼得節節敗退，讓西漢北方邊城得到長久的安定，最後他在狼居胥山舉行祭天典禮，故後人將封狼居胥視為是武將的最高榮耀。

.ull ∞ % 🔋

< 宇宙第一群(422) ...

 北魏-拓跋燾

喂喂喂，什麼叫「赫連拓跋非難取」，我們拓跋魏也很強的好嗎？

 十六國-符堅

敢問閣下是？

 唐太宗-李世民

他是北魏太武帝，繼你之後再次統一北方的男人。

 北魏-拓跋燾

劉裕我沒碰上，但他兒子可是被我打得大敗。「贏得倉皇北顧」了解一下……

 南朝宋-劉義隆

.ull ∞ % 🔋

< 宇宙第一群(422) ...

 北魏-元宏

支持高祖父，最棒！👍👍

19:36

 北魏-拓跋燾

嗯……你是？

北魏-拓跋燾

我們大魏怎麼改姓了？

三國-曹丕

不會是又一個司馬氏吧？

北魏-元宏

是這樣的，我進行了一場澈底的漢化改革，讓鮮卑人改穿漢服，說漢話，改漢姓⋯⋯所以就將拓跋改成元姓了。

漢高祖-劉邦

哈哈哈哈，看來漢文化還是很強大的嘛！

宣統-溥儀

孝文帝改革是歷史上的著名場面！👍

宣統-溥儀

可惜後面分成了西魏和東魏，然後又被北周和北齊取代了。

三國-劉備

還真是分久必合，合久必分啊！

十六國-苻堅

後來北方是被誰再度統一了？

北齊-高緯

此處應該@北周-宇文邕。

五代-柴榮

此處應該@北周-宇文邕。

✎ 北魏孝文帝拓跋宏（漢名元宏），是拓跋燾孫子的孫子。孝文帝進行了一系列漢化改革，讓鮮卑人改穿漢服、說漢話、改漢姓等。「拓跋」這個姓氏也改成了漢姓「元」，所以孝文帝之後的北魏、西魏、東魏皇帝都姓元。魏孝文帝改革在歷史上很出名。

✎ 北魏後來分裂成了西魏和東魏，宇文家取代西魏變成了北周，高家取代東魏變成了北齊。後來北周慢慢變得強大，宇文邕滅掉北齊，再次統一了北方。

過了一會兒，還是沒看到宇文邕說話。

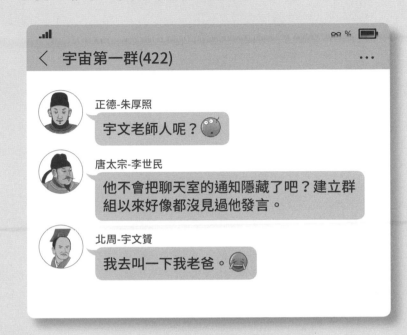

每個群組都會有一些長期不看訊息的成員，宇文邕可能是其中之一吧！

過了一會兒，宇文老師上線了。

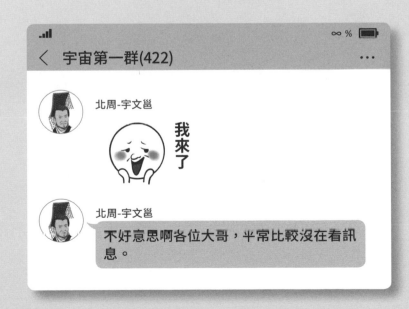

五代-柴榮

宇文老師來了。

北齊-高緯

該你發言了！

北周-宇文邕

呵呵，還碰到個熟人！

十六國-苻堅

你能統一北方，看來也是個神人！👍

北周-宇文邕

前輩過獎，除了自身努力，也靠同行襯托。@北齊-高緯

三國-劉禪

哈哈哈哈，忍不住笑出了聲。😂

北齊-高緯

 無語！

北周-宇文邕

如果不是他殺了蘭陵王，我也沒那麼快把北齊打下來。

漢廢帝-劉賀

這麼做實在是太荒唐了。

南朝陳-陳叔寶

又是一個豬隊友的故事。

新朝-王莽

蘭陵王可是十大美男啊，粉絲眾多，你就不怕場外粉絲弄死你！@北齊-高緯

宇文邕是一代英主，與之相反，高緯則是做什麼都不出色，在同行的襯托之下，宇文邕很快就滅掉了北齊，北方再度歸於統一。

蘭陵王高長恭是中國古代十大美男之一，也是北齊的名將，屬於顏值高、業務能力又很強的那種人（此處趣哥有共鳴）。因為太好看，上戰場時甚至要戴面具。後來，他因人氣太高、功勞太大，被高緯猜忌，最後被毒酒毒死。

劉賀、陳叔寶二人在這裡就是兩個笑柄。劉賀以荒唐著稱，在位27天做了1000多件荒唐的事情，被稱為漢廢帝。陳叔寶的表現並不比高緯好多少，也是一個透過荒廢業務來給對手助攻的皇帝，他的諡號是煬，隋煬帝的「煬」。

北齊-高緯
@漢廢帝-劉賀 你居然說人荒唐，還有比這更荒唐的事嗎？

三國-劉禪
哈哈哈哈笑死我了！

三國-劉備
是自家人，笑什麼笑？

三國-劉備
不好意思啊各位，一不留神沒看住……

劉賀是西漢皇帝，劉備是漢室後裔（劉備自稱中山靖王之後，致力於匡扶漢室，自然會覺得漢帝都是自家人）。

北周-宇文邕
要是老天再給我幾年時間，我應該就能滅了弱小的陳朝一統天下了。可惜天不假年，時也，命也！

南朝陳-陳霸先
我們陳朝招誰惹誰了！

南朝陳-陳叔寶
能不能不要在前面加「弱小」兩個字？

20：30

丨六國-苻堅
這句「時也，命也」扎進心裡了！

南北朝時期，南朝經歷了四個朝代 —— 宋、齊、梁、陳。陳朝是一個以姓作為朝代名的王朝，創始人是陳霸先，末帝是陳叔寶。南朝疆域到陳朝的時候，已經大幅縮小，在南北對峙中處於弱勢。

如果再給宇文邕幾年壽命，他很可能就滅掉陳朝統一天下了。然而歷史無法假設，宇文邕在北伐突厥的途中生病，不久就去世了，年僅35歲。宇文邕死後幾年，楊堅取代北周建立隋朝。緊接著，隋滅掉陳，再一次統一中國，正式結束這段近300年的大分裂時期。

南朝宋-劉裕

扎得透透的！

五代-柴榮

冰冰涼，透心涼！💔

三國-曹操

這句話估計說到了群組裡很多人的痛處吧！😂

一句「時也，命也」道出了很多人的遺憾。曹操統一了北方，卻在赤壁之戰中被吳蜀打得落荒而逃。苻堅也統一了北方，挾百萬之眾卻輸給了東晉的8萬人。劉裕的北伐本來氣勢如虹，卻因為主管後方的劉穆之病死，不得不中斷北伐。柴榮也是因為英年早逝，沒來得及實現自己的小目標。

宇文邕的一句「時也，命也」，踩到了群裡不少人的痛處，大家紛紛表露感慨。

∎l   ∞ % 🔋

‹ 宇宙第一群(422)   · · ·

五代-柴榮

老哥，我發現我們倆很像啊！@北周-宇文邕

北周-宇文邕

哦？說來聽聽……

五代-柴榮

我們都出生在大亂世中，一統天下的小目標幾乎都是唾手可得，然後最終卻英年早逝，為他人做了嫁衣。😭😭

北周-宇文邕

你、你是說，我們北周的天下被人奪了？

宇文邕和柴榮兩個人有很多相似的地方：
（1）兩個人分別出生在最大的兩個亂世之中，宇文邕生於南北朝時期，柴榮生於五代十國時期。
（2）兩個人統一天下的小目標其實唾手可得，然而卻都英年早逝（宇文邕逝於35歲，柴榮逝於38歲）。
（3）兩個人最後都為人做嫁衣，小目標由後來者實現了。宇文邕的小目標，被後來的楊堅實現了；柴榮的小目標，被趙匡胤實現了。

最後再大概梳理一下本文的歷史脈絡，
幫助大家釐清這段歷史：

　　西晉滅亡，北方進入十六國時期，南方則是司馬睿建立的東晉。北方一度被前秦的符堅統一，在淝水之戰失敗後，北方又陷入了四分五裂。

　　東晉末期，劉裕取代東晉建立劉宋，南北朝時期開始。不久，北魏拓跋燾統一北方，南北開始了相對獨立的時期。

　　北朝共有北魏、東魏、西魏、北齊、北周五個朝代，先是北魏統一北方，然後北魏分裂成東魏和西魏。不久，東魏變成了北齊（高家），西魏變成了北周（宇文家），接著北周宇文邕滅了北齊高緯，隨後北周又被楊堅接管了。

　　南朝共有宋、齊、梁、陳四個朝代，到陳朝時疆域已明顯縮小，此時歷史的發展重心已經是北朝。最後，楊堅再度統一全國，結束了近300年的東晉十六國和南北朝時期。

第十一章

史上最強親戚

你知道歷史上最強的親戚是誰嗎？

北周-宇文邕

是誰？是哪個該死的？？

宋太祖-趙匡胤

一看宇文兄就知道沒什麼在看群組消息。😂 那個人跟你很熟的，比你還大兩歲。

北周-宇文邕

不會吧

宋太祖-趙匡胤

還是你的兒女親家。

北周-宇文邕

我的天！難道是楊堅！？

新朝-王莽

趣哥在上一集最後都劇透了，有啥好驚訝的？🌑

五代-柴榮

唉！你們好歹是親戚，我的皇位完全是給了一個外人。⚫

新朝-王莽

在這群組裡，親戚不親戚，有那麼重要嗎？😂

宇文邕和楊堅是親家，楊堅的女兒是宇文邕兒子（宇文贇）的皇后，楊堅比宇文邕還大兩歲。宇文邕是南北朝時期少見的英主，可惜英年早逝。而他的兒子宇文贇卻非常不中用，在位一年就禪位給了兒子宇文闡（當時只有6歲），年紀輕輕便做起了太上皇。因為過度縱情酒色，宇文贇的身體嚴重掏空，禪位一年後就駕崩了，留下7歲的兒子成為待宰羔羊。第二年，楊堅「接受」小外孫宇文闡的禪讓，改元開皇，建立了隋朝。

據說，趙匡胤取代後周之後，給柴氏發了丹書鐵券（相當於免死金牌），讓柴榮的子孫可以永享富貴，即使犯了謀逆大罪，也僅止於獄中賜死。

宣統-溥儀

有時候，親戚下手反而更狠。

宋太祖-趙匡胤

柴老闆，再怎麼說，我也善待了你的後人。

在上一集的最後，趣哥有提到楊堅取代了北周。

在代周建隋的過程中，楊堅殺光了北周的宇文皇族。根據史書統計，被殺的皇族中有名有姓的就有60多位，包括只有8歲的小外孫宇文闡。這件事是楊堅為數不多的爭議之處，清朝的文史學家趙翼曾評價：「（楊堅）大權在手，宇文氏子孫以次誅殺，殆無遺種……竊人之國，而戕其子孫至無遺類，此其殘忍慘毒，豈復稍有人心。」

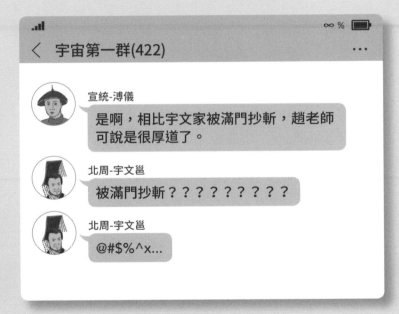

〈　宇宙第一群(422)　　　　…

宣統-溥儀

是啊，相比宇文家被滿門抄斬，趙老師可說是很厚道了。

北周-宇文邕

被滿門抄斬？？？？？？？？？？

北周-宇文邕

@#$%^x...

得知宇文家被楊堅滿門抄斬，宇文邕一時氣急攻心，顫抖著打下一段無法理解的符號，然後一口老血噴在手機螢幕上，昏死過去。

看到宇文邕在群組裡說到自己，楊堅避其鋒芒，並沒有馬上跳出來接話。

三國-曹丕

樓上打了啥？怎麼看不懂。

新朝-王莽

看來是氣急攻心，打字時手抖了吧！

宣統-溥儀

宇文老師息怒，後來你的另一個親戚又把天下搶回來了。

漢獻帝-劉協

這……這是親戚之間輪流做莊啊！

宣統-溥儀

北周、隋、唐兩兩都是親戚，而且是同一個岳父。

宋太祖-趙匡胤

史上最強岳父無誤。

宣統-溥儀

而且這位岳父還入選了中國古代十大美男排行榜。

漢獻帝-劉協

好神奇，難怪女兒都嫁得這麼好！

宋太祖-趙匡胤

主要原因是他們幾家都屬於八柱國吧，貴族聯姻門當戶對，恰逢王朝更替頻繁，於是產生這樣的結果。

✎ 北周、隋、唐兩兩都是親戚，而且是同一個岳父，這複雜的親戚關係要從西魏的八柱國*說起。西魏時期有八柱國及十二大將軍，宇文泰（宇文邕老爸）、李虎（李淵爺爺）、獨孤信（三家的共同岳父）都是八柱國之一，楊忠（楊堅老爸）是十二大將軍之一。於是，貴族之間相互聯姻，獨孤信的三個女兒分別嫁給了宇文泰兒子（周明帝宇文毓）、李虎兒子（李昞，也就是李淵父親）和楊忠兒子（隋文帝楊堅）。宇文家族建立了北周，楊堅建立了隋朝，李淵創立了唐朝，所以獨孤信可以說是「三朝岳父」了，縱觀整個中國歷史，獨一無二。

✎ 獨孤信顏值超高，是中國古代十大美男之一。其他十大美男還有竹林七賢的嵇康、西燕皇帝慕容沖，以及上戰場要戴面具的蘭陵王高長恭。

*柱國：職官名。戰國時楚所設置，原指保衛國都之宮，地位非常崇高。後世則指最高級的武官或勛官。

從晉朝開始，一直到南北朝，群組裡的話題就處於離題狀態，大家似乎都忘了選管理員這回事。這時，楊堅瞄準宇文邕吐血下線的時機，重新把話題帶入競選管理員的軌道。止如同他結束魏晉南北朝200多年的紛亂，重新把國家帶入統一有序的軌道一樣。

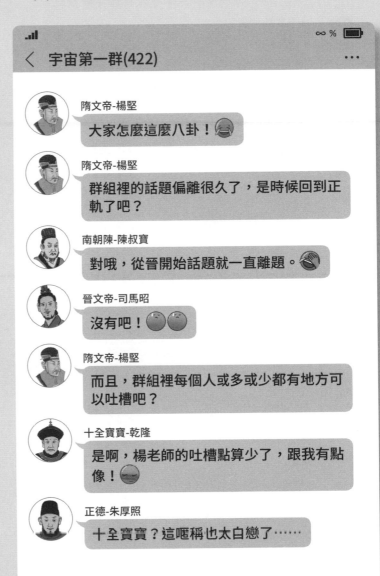

宋徽宗-趙佶

閣下是嫌前幾集被吐槽的還不夠多嗎？

三國-劉禪

吐槽大會又要開始了，前排卡位。😁😁

十全寶寶-乾隆

別別別，我只是跳出來給楊老師助個陣，今天是他的主場。😂

隋文帝-楊堅

哈哈哈哈……這位小兄弟有點意思，我們是不是冥冥中有些關聯？

宣統-溥儀

是的，楊老師，您確立的三省六部制一直沿用到我們清朝。

宣統-溥儀

還有科舉制度也是，一直延續了1300多年。

漢武帝-劉徹

不錯不錯，我們漢代用的是察舉制度。

三國-曹丕

我們選人用的是九品官人法，據說一直延續到南北朝。

嬴政

給你一個讚，保存期限很長，可以報個管理員。@楊堅

宋太祖-趙匡胤

哇，版主點名，厲害了！👍

✏ 隋朝跟秦朝一樣是一個短命王朝，但同樣對後世影響深遠。隋朝確立的三省六部制和科舉制，影響後世1000多年，一直沿用到清朝（科舉制的開始時間有爭議，有人認為始於隋朝，有人認為始於唐朝）。

✏ 在選拔人才方面，漢代用的是察舉制（由官員考察並推舉人才），後來魏文帝曹丕推出了九品官人法（對人才進行評級，共九個等級），再後來便是隋唐的科舉制。察舉制（兩漢時期）、九品官人法（魏晉南北朝）、科舉制（隋唐直到清朝），是中國封建社會三大選官制度。

隋文帝-楊堅

感謝感謝，謝謝版主和各位大哥的認可，那我報個管理員哈。

.ıl　　　　　　　　　　　　∞ % ▭

< 　宇宙第一群(422)　　　　　 ...

隋-楊廣

政哥，我們隋朝出品的東西保存期限都很長，比如我修建的大運河，也是使用了很長一段時間。

宋高宗-趙構

隋朝的東西保存期限長，但是王朝壽命短啊！

正德-朱厚照

哈哈……群裡最愛抹黑的人出現了。

明英宗-朱祁鎮

繼承了開皇之治這樣的一手好牌，結果十幾年就玩到破產了。

隋文帝-楊堅

唉，獨孤誤我，獨孤誤我！

明太祖-朱元璋

你這敗家子，還有臉在群裡說別人，信不信本祖宗揍你！ @明英宗-朱祁鎮

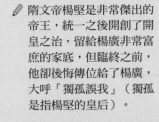

📝 隋文帝楊堅是非常傑出的帝王，統一之後開創了開皇之治，留給楊廣非常富庶的家底，但臨終之前，他卻後悔傳位給了楊廣，大呼「獨孤誤我」（獨孤是指楊堅的皇后）。

📝 朱祁鎮也是繼承了一手好牌，結果卻打得極爛。明朝初年，在朱元璋、朱棣等幾代君主的治理下，明朝初年出現了洪武之治、永樂盛世、仁宣之治三大盛世。等到朱祁鎮繼位的時候，家底可說是非常雄厚。有一次，瓦剌騷擾大明邊境，在宦官的蠱惑下，朱祁鎮帶著大明的精銳御駕親征，卻因為一系列幼稚的操作，本來實力碾壓對手的大明精銳幾乎全軍覆沒，朱祁鎮本人也被瓦剌俘虜，成為明朝由盛轉衰的轉折點。

五代-柴榮

巧合的是，楊堅滅了宇文氏，但最後弒殺煬帝的人也姓宇文。

三國-劉禪

哈哈……這個厲害！👍👍

正德-朱厚照

太強了！君子報仇，多少年都不晚。🐵🐵

新朝-王莽

這節奏，感覺可以拍一部《復仇者聯盟2》了。😂

楊堅將宇文家族滿門抄斬，後來報應也降臨到了楊堅後代的身上。楊堅的子孫也幾乎被各種勢力殺害，而且弒殺楊廣的宇文化及，剛好也姓宇文（宇文化及跟宇文邕家族沒有血緣關係）。

當年，楊廣率大軍攻滅陳朝的時候，陳叔寶嚇得躲在一口枯井裡，看到楊廣被眾人欺負，他自然也想趁機搧風點火。

📶 ∞ % 🔋

< 宇宙第一群(422) ...

南朝陳-陳叔寶

樓上的名字不符合格式吧？怎麼不把諡號亮出來。🐵 @隋-楊廣

隋-楊廣

@十全寶寶-乾隆 他也改了好嗎？

南朝陳-陳叔寶

你給我「煬」這個諡號，別人也給了你，沒想到吧。🐷

楊廣給陳叔寶的諡號是帶有貶義的「煬」，結果後來李淵給楊廣的諡號也是「煬」。

李淵臉上皺紋多，楊廣曾戲稱李淵是阿婆面（老太婆的臉），史書記載此稱呼讓李淵很鬱悶。

大理國-段譽

以彼之道，還施彼身，這不是姑蘇慕容的絕學嗎？😂

隋-楊廣

你這個阿婆面，大家表兄弟一場，何必如此抹黑我？@唐高祖-李淵

唐高祖-李淵

呃，為什麼會招來黑粉，你心裡沒數嗎？

楊廣是個很有爭議的人，自帶話題。

從隋唐到宋朝，大運河以洛陽（隋朝都城）為中心延伸，北至北京，南到杭州。

從唐朝末年開始，因為戰亂等因素，大運河部分航段年久失修。到了南宋時期，為了阻止金朝船隊南下，南宋破壞了運河上的各種設施，以此阻斷金兵沿運河南下之路，因此大運河的部分航段便慢慢被廢棄了。

後來，元朝定都北京，從杭州到北京需要先繞道洛陽，增加了很多運輸成本，所以忽必烈花了10年重修大運河，截彎取直，使北京和杭州之間的航線縮短了900多公里，這也是現在京杭大運河的前身。

宇宙第一群(422)

新朝-王莽

後世也有一種觀點，說@隋-楊廣 是「罪在當代，功在千秋」。

宋高宗-趙構

大運河溝通南北，對後世王朝的貢獻是滿大的。後來因為種種原因，年久失修，有些部分就廢棄了……

忽必烈

我後來又重修了大運河，把北京和杭州的航線縮短了900多公里。

成吉思汗

好孫兒，優秀！👍👍

新朝-王莽

大運河的前世今生不能說太細，如果要仔細講，大概能談一整章。😂

大運河的開鑿，最早始於春秋時期，楊廣修大運河的時候連接了一些前代修建的河段。楊廣所修的大運河以洛陽為中心，所以從杭州到北京要繞不少路，但元朝修的大運河變直了，從杭州到北京省下很多路程，如下圖。

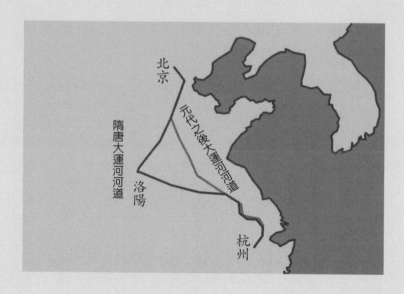

李淵和李世民之間雖然是父子，卻客套又不失尷尬。

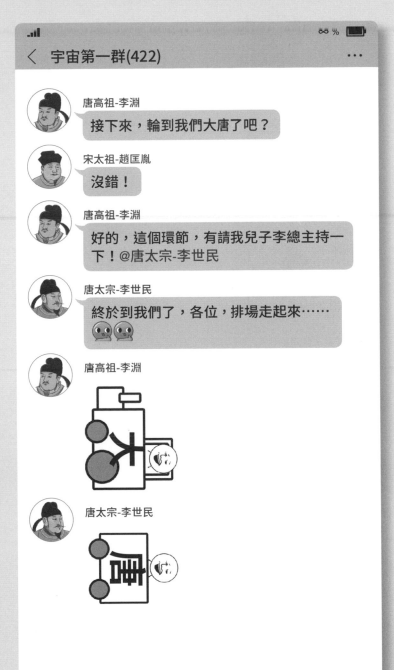

唐高宗-李治

 唐中宗-李顯

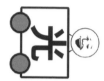

 唐睿宗-李旦

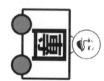

 武則天

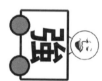

 唐玄宗-李隆基

 唐肅宗-李亨

唐代宗-李豫

 宋太祖-趙匡胤

不愧是大唐，排場就是不一樣！👍

 明太祖-朱元璋

不愧是大唐，排場就是不一樣！👍

 康熙-玄燁

不愧是大唐，排場就是不一樣！👍

大唐出場自帶氣場，以一套貼圖強勢洗版聊天室，能夠調動這樣的排場，足見李世民的影響力。因為就唐朝來說，李淵想發起這樣的場面，得看李世民的臉色；武則天想發起，李世民很可能不想配合，而且武則天的兒子也不一定願意。

📶 ∞ % 🔋

< **宇宙第一群(422)** ⋯

 唐太宗-李世民

哈哈哈哈，承讓承讓！

 宋高宗-趙構

閣下報名，管理員候選人名額自動減1。

明成祖-朱棣

閣下報名，管理員候選人名額自動減1。

十全寶寶-乾隆

閣下報名，管理員候選人名額自動減1。

唐太宗-李世民

哈哈哈哈，你們別這樣，搞得像我買了「網軍」一樣。

五代-李存勗

我們都是不請自來的「網軍」。💀

宣德-朱瞻基

我們都是不請自來的「網軍」。💀

雍正-胤禛

我們都是不請自來的「網軍」。

宣統-溥儀

超強的，太宗一代天驕，引無數「網軍」盡折腰！👍👍

成吉思汗

樓上說錯了吧？一代天驕不是我嗎？！@宣統-溥儀

✏ 在〈沁園春・雪〉中，有一段詩大家幾乎都耳熟能詳：
惜秦皇漢武，略輸文采。
唐宗宋祖，稍遜風騷。
一代天驕，成吉思汗，
只識彎弓射大雕。

不需李家人出面，竟有一大波「網軍」主動按讚。

朱棣跟李世民有多共通點，他們都搶了別人的皇位，都是創始人的兒子且能力很強，也都開創了盛世。於是，朱棣想傳私訊給李世民套個交情。

宇宙第一群(422)

明成祖-朱棣
大哥好優秀啊！光芒完全蓋過了創始人。

明成祖-朱棣 已收回訊息

明成祖-朱棣
我的天，怎麼傳到群組裡了？

十全寶寶-乾隆
樓上傳了啥？

建文-朱允炆
已截圖，我要傳給皇爺爺！

所以，朱允炆同學終於也踩了朱棣一腳。

宇宙第一群(422)

唐太宗-李世民
我們大唐人才濟濟，有不少神人，大家都來報個名吧！

康熙-玄燁
大唐的陣容，應該跟大漢有得比。

唐太宗-李世民
老爸，你先來如何？@唐高祖-李淵

唐高宗-李治

老爸，我也想報一個。

武則天

老公，怎麼能少了我？！

唐高祖-李淵

兒子，我都可以，你做主就行。

唐太宗-李世民

治兒，你來報名的話會拉低水平。

唐高宗-李治

媚娘，你這老公，喊得我痛心。

五代-李存勗

我的天，這是三重奏嗎，還有押韻！

宋徽宗-趙佶

大唐不愧是文藝盛世，連報個名都這麼有才！👍👍

漢武帝-劉徹

所以，貴唐現在是報了三個人嗎？

唐太宗-李世民

是的，@唐高祖-李淵 @武則天，再加上我。

宋徽宗-趙佶

哇，都是重量級人物！

宣統-溥儀

@唐太宗-李世民 和 @武則天 是群組裡的人氣王了。

武則天

哈哈哈哈，投票的時候還請大家多多支持哈，啾咪！

正德-朱厚照

小姊姊的票一定支持！

金-完顏亮

小姊姊的票一定支持！

北齊-高緯

你一票，我一票，小姊姊就能出道！

晉武帝-司馬炎

你加一，我加一，武妹票數拿第一！

三國-曹操

厲害！這麼快就有自己的粉絲團啦！

大唐的出場方式驚豔，報名方式也是別樹一幟。

‧‧‧‧
∞ % 🔋

< 宇宙第一群(422)　　　　　‧‧‧

漢武帝-劉徹

群組裡有幾位同學的暱稱怎麼沒照格式來了？

漢武帝-劉徹

@十全寶寶-乾隆 @明英宗-朱祁鎮 @隋-楊廣 @成吉思汗 @武則天

明英宗-朱祁鎮

我有兩個年號，不知道該備註哪一個，所以就用諡號了。

隋-楊廣

我的諡號是個惡諡，寫在暱稱裡太難看了。

成吉思汗

成吉思汗是我的尊號，比我的名字和諡號都出名，而且地球人都知道成吉思汗這個名字。

武則天

則天就是我的諡號，武則天這名字也是家喻戶曉。

漢武帝-劉徹

原來是這樣，不知版主意下如何？@嬴政

嬴政

那就讓趣哥看著辦吧，相信他的業務能力。

群組裡成員眾多，情況複雜，所以暱稱的標注不方便統一格式。

　　　　　　　　　　　　　　　∞ % 🔋

< **宇宙第一群(422)**　　　　　　　　·····

唐太宗-李世民

對了，我們大唐還有其他人報名嗎？

李世民是李隆基的曾爺爺，武則天是李隆基的奶奶，李治是李隆基的爺爺。

唐玄宗李隆基開創了開元盛世，大唐的國力和文化在這段時期都達到極盛，唐詩界的頂級大神主要都生活在開元時期，比如李白、杜甫、王維、王昌齡、孟浩然等。

玄宗後期爆發了安史之亂，致使唐朝人口大量消失，國力出現跳水式下滑。盛衰皆是因同一人，盛也隆基，衰也隆基。這就像西漢的蕭何一樣，韓信能夠受到劉邦的重用，都是因為有蕭何的推薦；韓信最後被呂后滅掉，也是因為蕭何出的計謀，因此有了這句諺語：「成也蕭何，敗也蕭何。」

宋徽宗是宋太宗趙光義的直系後代，也是一位敗家型選手，在位期間把富庶的北宋王朝折騰到了亡國的邊緣。

蕭何，劉邦的丞相。

唐玄宗-李隆基
曾爺爺，還有我……

唐玄宗-李隆基
我創造了開元盛世，大唐在我手上達到極盛。

唐玄宗-李隆基
而且這段時間出了很多詩界大神，比如李白、杜甫、王維、王昌齡、孟浩然等……

唐太宗-李世民
哈哈哈哈！好曾孫，沒想到大唐還有這樣的輝煌！👍👍

宋太祖-趙匡胤
樓上是喜鵲嗎？報喜不報憂啊！

宋徽宗-趙佶
唐朝就是從你手裡盛極轉衰的吧，安史之亂了解一下。

宋太宗-趙光義
你這敗家子，就別說別人了好嗎？@宋徽宗-趙佶

漢高祖-劉邦
成也蕭何，敗也蕭何。
盛也隆基，衰也隆基。

唐太宗-李世民
你這敗家玩意，我怎麼這麼想把你……

因為言語過激，部分聊天內容不方便顯示出來。

南唐-李煜
不過還好大唐命很硬，國都六陷，天子九遷，依然延續了289年。

宋太祖-趙匡胤
要是沒有安史之亂，@唐玄宗-李隆基 應該也是管理員的熱門人選。

正德-朱厚照
只有我比較好奇@唐玄宗-李隆基 和楊貴妃的故事嗎？

北齊-高緯
很明顯，你不是一個人。

金-完顏亮
求細節，求照片！

晉武帝-司馬炎
聽說楊貴妃是四大美女之一？

三國-曹操
小老弟，傳張你老婆的照片來看看！@唐玄宗-李隆基

唐玄宗-李隆基
各位都是有後宮的人，何不先晒一晒你們時代的美女。

三國-曹操
妙啊！這個橋段觀眾應該喜歡看。

 安史之亂後的100多年間，唐朝的國都長安被攻陷了6次，天子逃了9次，堪稱「命最硬的朝代」，最後享國祚289年。

三國-劉禪
哇哦，管理員競選要變成選美比賽了嗎？

第十二章

「大咖」雲集的時代

這個群組裡的每一個人，
都是家喻戶曉的「大咖」……

三國-劉禪

大哥們，我又回來了！

 三國-劉禪

我是不是錯過了什麼？

 明武宗-朱厚照

樓上怎麼被打得鼻青臉腫的？

 新朝-王莽

大概是又被他老爹揍了吧！

 新朝-王莽

我看過一部網路劇，樓上動不動被他爹各種摔。

在網路劇《萬萬沒想到》中，劉禪被劉備用各種理由摔。

嬴政
各位同學，上一集讓大家放飛了一下自我，這一集繼續管理員主題吧！

宋太祖-趙匡胤
支持版主，聊到安史之亂後群組裡的話題又偏了，是時候回到正軌……

嬴政
嗯，接下來到哪個朝代了？

宋太宗-趙光義
到我們宋朝了，政哥。

五代-朱溫

等一下

五代-朱溫
我們五代十國不配擁有姓名嗎？

五代-柴榮
我們五代十國不配擁有姓名嗎？

唐昭宗-李曄
算了吧你！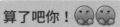

唐哀帝-李柷
算了吧你！

五代-朱溫
恕我直言，我可是打倒大唐的男人。

 唐太宗-李世民
你說啥？

 新朝-王莽
敢在大唐面前吹牛，閣下的勇氣是梁靜茹
給的嗎？

 五代-朱溫
惹不起惹不起，閃了閃了。

 五代-朱溫

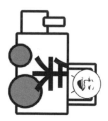

 唐太宗-李世民
惹了事還想跑？大家排場走起來……

 唐高祖-李淵

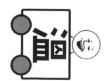

 唐太宗-李世民

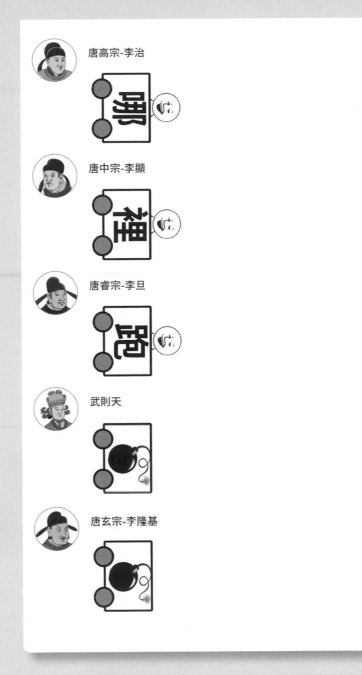

讓大家沒想到的是，大唐竟然已經具備了跨表情符號穿透打
擊能力……這逆天的操作，一時讓群組裡的眾人驚愕不已。
自此以後，朱溫再也不敢提打倒大唐一事……

看到唐朝如此出風頭，作為同一級數的漢朝，也在思索著如何掙回一點面子。

兩位「小唐」也出來刷了一波存在感。

宇宙第一群(422)

五代-李存勖
各位大哥息怒，朱溫建立的後梁後來被我滅了，我的國號也是唐。🔵

唐太宗-李世民
小伙子幹得不錯，看來你也是個神人。👍👍

南唐-李昇
祖宗，我的國號也是唐，時間剛好在後唐滅亡之後。

唐太宗-李世民
你是？

南唐-李昇
我是南唐的創始人，也是大唐皇室的後裔。🔵🔵

宋太宗-趙光義
樓上不是平民出身嗎？這親戚攀得……比劉備還溜。😂

三國-劉備
怎麼這一集我老是躺著也中槍？🔵

朱溫終結唐朝之後，建立了五代第一個王朝後梁，五代十國正式開始。這一時期的王朝都很短命，後梁最後在朱溫兒子手上被李存勖攻滅。李存勖接著建立了後唐（五代第二個王朝），此時距離大唐滅亡已經有十幾年了。後唐實力強大，疆域是五代各個王朝中最大的，一度被視為中興大唐的存在。然而……後唐也是曇花一現，最終只持續了13年。後唐滅亡3年後，南方的李昇改國號為唐（也就是南唐），延續了唐的國號。

南唐創始人李昇自稱是李唐皇室後裔，然而宋以後的正史並不承認（因為他是平民出身）。這跟劉備有點像，劉備自稱中山靖王之後，以表示自己漢室後裔的身分。

以唐為國號的王朝有三個 —— 一個大唐（唐朝），兩個小唐（後唐和南唐）。大唐命很硬，在各種挑戰下一直持續了289年。兩個「小唐」比較短命，影響力和存在感相比大唐弱了很多。

李煜是南唐後主，他在位期間尊奉宋朝，還去除了唐的國號，改稱自己「江南國主」，想透過這些手段來換取南唐繼續存在的可能。後來，宋伐江南，李煜派人求和，趙匡胤回了一句霸氣的話：臥榻之側，豈容他人酣睡*！

* 這句話是說自己的床鋪旁邊，怎麼能讓別人呼呼大睡，意指自己的勢力範圍不能容忍他人侵犯。

趙匡胤性格寬厚，開國沒有大殺功臣。他的性格特點也浸潤到了北宋的政治中。他文治武功俱佳，而且還是一位武術家。

 新朝-王莽
> 可惜兩位「小唐」都比較短命，跟大唐的命硬形成強烈對比。

 南唐-李煜
> 說來有點不爽，我對北宋各種奉承想延續南唐國祚，最後連唐的國號都丟了，然而並沒有什麼用！

 宋太祖-趙匡胤
> 這麼跟你說吧，臥榻之側，豈容他人酣睡！

趙光義自覺影響力不如趙匡胤，所以想把趙匡胤推舉到管理員的位置，一如他當時在陳橋兵變中給哥哥黃袍加身。

📶　　　　　　　　　　　　∞ %　🔋
〈　宇宙第一群(422)　　　　　　…

 宋太宗-趙光義
> 哥，你這話說得太棒了，讓人情不自禁地想按個讚！👍👍👍

 宋太祖-趙匡胤
> 你少來這套！

宋太宗-趙光義
> @嬴政 版主，我哥也是管理員的有力競爭者，論武能平定五代十國這樣的大亂世；論文也開創了延續300多年的大宋朝。

宋真宗-趙恒

我伯父不僅文治武功很厲害，個人武力值也是讚讚！

 宋欽宗-趙桓

真的很厲害，給太祖爺爺支持！

 漢光武帝-劉秀

樓上兩位名字好像，差點以為是同名。

 三國-劉備

我也差點看成是同名。

 宋仁宗-趙禎

而且太祖爺爺性格寬厚，開國也沒有大殺功臣。

 漢光武帝-劉秀

這點跟我有點像。

 唐太宗-李世民

看來是一位五星級好評的同學，給你一個讚！

北宋有兩位皇帝的名字超級像：宋真宗趙恒（ㄏㄥˊ）和宋欽宗趙桓（ㄏㄨㄢˊ），趙恒是趙光義的兒子，所以叫趙匡胤伯父。

.ıl ∞ % ▨

‹ 宇宙第一群(422) •••

 明仁宗-朱高熾

話說樓上的趙禎老師也是以寬厚著稱。

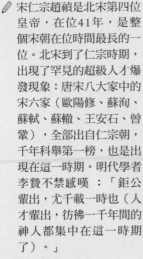宋仁宗趙禎是北宋第四位皇帝，在位41年，是整個宋朝在位時間最長的一位。北宋到了仁宗時期，出現了罕見的超級人才爆發現象：唐宋八大家中的宋六家（歐陽修、蘇洵、蘇軾、蘇轍、王安石、曾鞏），全部出自仁宗朝，千年科舉第一榜，也是出現在這一時期。明代學者李贄不禁感嘆：「鉅公輩出，尤千載一時也（人才輩出，彷彿一千年間的神人都集中在這一時期了）。」

沈括是《夢溪筆談》的作者。畢昇發明了活版印刷術。

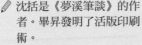千年科舉第一榜，指的是宋仁宗嘉祐二年的一次科舉考試。這一年的進士榜可以說是群星璀璨，出現了幾十位名動千古的人物。比如說：
蘇軾、蘇轍、曾鞏（這三位是唐宋八大家）；曾布、呂惠卿、章惇（這三位都當過宰相）；張載（理學創始人，他的「橫渠四句」成為很多儒家知識分子的小目標）；程顥、程頤（理學創始人，程朱理學中的二程）；王韶（北宋名將）。

康熙-玄燁

趙老師時期的人才陣容實在是太豪華了，真心羨暴！😎😎

乾隆-弘曆

是啊！唐宋八大家宋朝就占了六個，而這六個全都來自仁宗朝。😂

明仁宗-朱高熾

此處應該有一個列表。

明仁宗-朱高熾

政治家：范仲淹、包拯、王安石、司馬光
科學家：沈括、畢昇
思想家：張載、程頤、程顥
文學家：三蘇（蘇軾、蘇轍、蘇洵）及歐陽修、曾鞏、柳永、晏殊

新朝-王莽

太厲害了！這些人大概能包辦國文課本的半壁江山！😮😮

唐玄宗-李隆基

這人才陣容，跟我的開元盛世有得拚啊！

宣統-溥儀

還有千年科舉第一榜，也是出現在宋仁宗在位時期。😂

三國-曹操

厲害，跟我一樣是一台人才收割機！👍

宣統-溥儀
明代李贄有個關於這時期形象的評論：這些神人爭先恐後的成長，彷彿1000年的超級人才都集中在這個時期了。

宋仁宗-趙禎
哈哈哈哈，各位大哥過獎啦，我也是沾了這些大咖的光。

宋太祖-趙匡胤
好孩子，為你驕傲，你也來報個管理員吧！

宋太宗-趙光義
好孫兒，你也來報個管理員吧！

宋仁宗並不是一個強勢的人，他自覺量級還是不夠，所以私下跟兩位祖輩解釋了一番，表示不太想報名。宋太祖為人通達，對這位孫輩表示理解，宋太宗雖有不甘，明面上也不好忤逆宋太祖的意思。

看到弱宋推出了兩個管理員，忽必烈有點不服，忍不住想踩宋朝一腳。

.ɪl   ∞ % 🔋
<   **宇宙第一群(422)**   ...

元世祖-忽必烈
宋的文化確實很強，但武力嘛還是弱了一點！

🖉 宋朝是文化的巔峰，但給人一種武力孱弱的印象。金太宗完顏晟滅亡了北宋，忽必烈攻滅了南宋。

金太宗-完顏晟

同感！

宋理宗-趙昀

我們弱？不會吧！

宋理宗-趙昀

你們可是花了40多年才打下我大宋的，
還搭進去了一位大汗。

元世祖-忽必烈

說到這事我就氣，要不是我哥突然出事，
我大蒙古帝國也不會四分五裂。

宋度宗-趙禥

樓上甩的一口好鍋，明明是你和你弟爭汗
位才解體的好嗎？

🖉 蒙古鐵騎橫掃歐亞大陸，但是打下南宋卻花了40多年時間，蒙古大汗蒙哥也是在攻宋前線突然死亡的。蒙哥死得太突然，突然到沒有確立繼承人，結果導致忽必烈和阿里不哥開始了長達4年的汗位之爭，最終蒙古帝國解體，分裂為4個汗國和元朝（4個汗國是：欽察汗國、察合台汗國、窩闊台汗國、伊兒汗國）。

成吉思汗之後，他的子孫又大幅擴展了蒙古帝國的地盤。雖然後來分裂了，每一部分仍然還是在黃金家族（成吉思汗子孫）手中。加上忽必烈各種的安撫，此處成吉思汗竟也沒有發飆。

為了進一步安撫爺爺，忽必烈冒著被眾人群起而攻之的風險，又強勢地吹捧了一把。

元世祖-忽必烈

對了，說到管理員，怎麼能少了我的爺爺！@成吉思汗

元世祖-忽必烈

論武力，可以讓全世界唱〈征服〉；論疆域，我想說在座諸位的江山都……沒有我們的大。

宋度宗-趙禥

這彎轉得……有點急。

明武宗-朱厚照

說話能不能別喘大氣！

明太祖-朱元璋

我就想問一句，樓上的吹牛能力是祖傳的嗎？

明成祖-朱棣Judy

同問，能不能分享一下祖傳配方？

元順帝-妥懽帖睦爾

祖傳配方倒是沒有，祖傳的牛肉乾有沒有老闆想要？

元順帝-妥懽帖睦爾

正宗草原無添加牛肉乾，超乾原味，軍糧首選，有需要的老闆加群組，提供行動支付轉帳。

宋理宗-趙昀

汗！

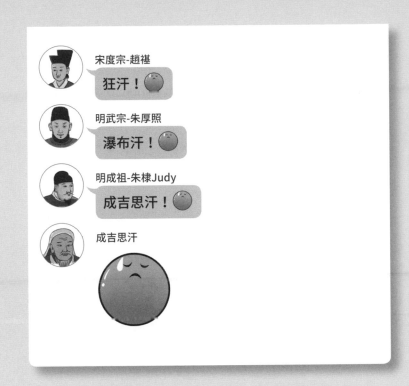

看到忽必烈吹捧爺爺，朱棣也依樣畫葫蘆，準備吹捧老爹一波，同時，朱棣還安排了自己的好聖孫朱瞻基，幫自己提名管理員。

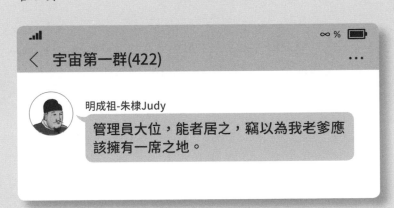

為了在爺爺心裡加分，一向低調的建文帝也不甘落後，但在語言上朱棣還是更加老到。

建文-朱允炆

皇爺爺開局只是淮右一布衣,最後強勢開國。這傳奇經歷,大概連小說都不敢這麼寫。

漢高祖-劉邦Bond

之前聽朱老弟@朱棣 提起過,我本是一個小小亭長,沒想到還有起步比我更低的人!

明太祖-朱元璋

哈哈哈哈,劉老師,承讓承讓!

朱棣幫劉邦取過英文名字,看到朱棣還向劉邦提過自己,朱元璋心裡不免有些得意。

強者之間的和解有時只是輕飄飄的一句話,讓朱棣大感意外的是,父親居然提名自己參選管理員。

明太祖-朱元璋

老四,也別光說我了,你也來報個名吧。

明成祖-朱棣Judy
謝謝老爹，孩兒謹遵父皇之命！
🙏🙏

 明成祖-朱棣Judy
@嬴政 政哥，我和我父皇都報名管理員哈。

 嬴政
行！👌

 康熙-玄燁
哇！這畫面莫名有點兒讓人感動！

 乾隆-弘曆
爺爺、爺爺，咱倆也報個名吧！

 新朝-王莽
樓上是小孩嗎？還要扒著爺爺。

 康熙-玄燁
可

第十三章

為老闆應援的武將

如果幫中國66位武將創個群組，
會發生什麼樣的事情？

從秦漢到明清，中國的名將燦若星辰。有的只閃耀一個時代，有的則成為萬古長夜最亮的將星。

在上一章中，大哥群報完名之後，管理員人選的話題在武將這個圈子也開始發酵⋯⋯大家對於誰會當選「宇宙第一群」的管理員爭論不休，尤其是自己老闆有參與報名的武將，更是希望自家大人成為管理員。因此參選宇宙群管理員徵選的老闆，伺機將報了名的幾大武將也拉進了一個群組⋯⋯

再提醒一下，加入本群組的主成員是其老闆報名管理員的武將，並不包括所有歷史上的武將，所以很多人都不在這個群組裡，這是一個「應援團」群組。

【管理員報名列表】
漢朝：1.劉邦 2.劉恒 3.劉徹 4.劉詢 5.劉秀
三國：6.曹操
南北朝：7.劉裕
隋朝：8.楊堅
唐朝：9.李淵 10.李世民 11.武則天
宋朝：12.趙匡胤
蒙元：13.成吉思汗
明朝：14.朱元璋 15.朱棣
清朝：16.康熙 17.乾隆

首先，「兵仙」韓信在群組裡拋出了話題。

韓信是漢初三傑之一，先後被劉邦封為齊王、楚王，後來又被貶為淮陰侯。然而，韓信一直羞於跟周勃、樊噲等同為列侯。

有一次韓信去樊噲家裡，樊噲以接待王的禮儀跪拜迎接，言稱臣，說：「大王乃肯臨臣（大王居然肯來臣的寒舍）！」韓信出門後，笑道：「生乃與噲等為伍（我竟然與樊噲這樣的人為伍）。」

西漢-韓信

管理員已經報完名了，各位大哥覺得誰最有希望入選？🐸

西漢-樊噲

大王，我覺得大漢肯定有一席之地！😁
@西漢-韓信

西漢-周勃

＋1，我也這麼覺得。

西漢-韓信

我是問其他大哥，你們倆湊什麼熱鬧？！
@西漢-樊噲 @西漢-周勃

西楚霸王-項羽

哈哈哈哈，樓上說話好狂啊，胯下之夫也敢自稱大哥！👎

唐-李靖

哇，連西楚霸王都來啦！

西漢-韓信

哎喲，原來是項王啊！我說誰的口氣這麼大呢？

然而，樊噲和周勃卻熱臉貼了冷屁股……

由此可見，韓信內心那小小的驕傲，便是「羞與噲伍」這個成語的來源。

鄙視鏈真是無處不在，就連西漢的開國元勳之間也存在著鄙視鏈。

明-徐達
哇！「兵仙」和「戰神」居然同框了，趕快截圖。😂😂

明-徐達
對了，歷史上你們就只交過一次手吧？

西漢-韓信
嗯哼，至於最後誰輸誰贏，大家都知道的。

西楚霸王-項羽
呵呵，幾十萬人打我十萬人，也敢在此吹牛？

唐-秦叔寶
垓下之戰，霸王的氣場2.8公尺。👎👎👎

唐-尉遲敬德
都說成王敗寇，但西楚霸王卻是永遠的英雄。👎👎

🖊 韓信和項羽是秦末漢初最閃耀的兩顆將星，韓信被稱為「兵仙」和「神帥」，項羽被稱為「霸王」和「戰神」，然而兩位大神就交過一次手，就是最後的垓下之戰。

🖊 韓信隱忍的時候可以忍受胯下之辱，驕傲起來卻羞於跟樊噲為伍。項羽一生經歷七十餘戰，所當者破，所擊者服，卻在垓下一戰輸掉了全部。

楚漢相爭的最後階段，項羽的10萬楚軍被劉邦、韓信等約50萬聯軍合圍於垓下。最後，項羽不肯渡過江東，留下了烏江自刎的悲壯畫面。

 西漢-韓信

韓信點兵，多多益善，幾十萬圍你十萬人，一般人還真圍不了好嗎？

 明-徐達

冒昧問一下，兩位大神要不要再打一次？一直想看楚漢對決的現場版。

 明-常遇春

想看＋1，前排卡位！

 三國-張遼

想看＋1，搬個小板凳！

於是項羽果斷回應韓信，結果認錯人了……

〈 管理員之武將應援團(66) ···

 西楚霸王-項羽

哈哈哈哈，我正有此意，約個地點吧！@西漢-韓信

韓王信 西漢-韓信

霸王，你是不是tag錯人了？我是另一個韓信。

 西楚霸王-項羽

……

劉邦的手下有兩個韓信（是的，完全同名），都曾被劉邦封為諸侯王。一個是大家熟知的韓信，為了做區分，史書把另一個稱作韓王信（他被封為韓王）。韓王信投降了匈奴，後來被漢軍滅掉。

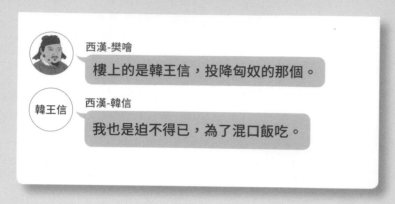

西漢-樊噲
樓上的是韓王信，投降匈奴的那個。

西漢-韓信
我也是迫不得已，為了混口飯吃。

霸王約架，嚇得另一個韓信趕緊出來澄清自己的身分。

為免再度被認錯，這位韓信趕緊把頭像改成了韓王信。
大家熟悉的淮陰侯韓信登場。

這時，聊天畫面的四周飛出4個音樂播放器，原來是群組裡有神祕人士發動了「四面楚歌」技能。

✏ 項羽被諸侯聯軍圍困於垓下，兵少糧絕，夜晚的時候聽到漢軍四面都是楚歌聲，項王大驚道：「劉邦已經得到楚地了嗎？為什麼他的軍隊裡會有這麼多楚人唱歌？」四面楚歌讓楚軍軍心渙散，也讓項羽喪失了鬥志。

關於「四面楚歌」是誰的計策，歷史上有一些爭議，所以這裡用神祕人士代替。

大晚上的，群組裡一下冒出4個播放器，放的又是幾百年前的老歌，此舉引起了唐朝人的不滿。

這就好比晚上你在房間休息，結果房間外面有4組人在跳廣場舞，音響聲音都開到最大，放的是幾十年前的老歌，就問你會不會抓狂。

姚廣孝敏銳地察覺到漢唐有隙，感覺可以做點文章。

✎ 姚廣孝是僧人，也是著名的黑衣宰相，他在相對和平的年代強行推動歷史進程，幫助朱棣成功取代了建文帝。

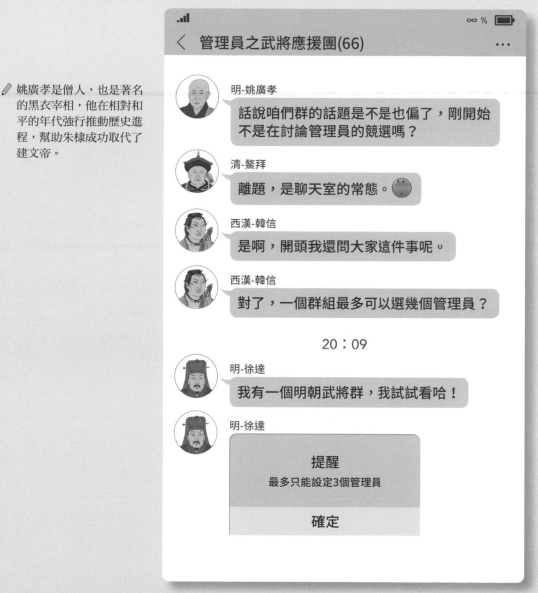

西漢-周勃

不會吧，最多只能有3個管理員？

明-徐達

是啊，這競爭可說是相當激烈了。

姚廣孝繼續穿針引線，引導漢唐起衝突。

.ul　　　　　　　　　　　　∞ % 🔋

< 　管理員之武將應援團(66)　　　···

明-姚廣孝

不知道哪一朝會成為最大贏家？

西漢-衛青

應該是我們漢朝吧，兩漢一共400多年，
占了中國帝王史時長的20%，論時長和
影響力都是最大的。

西漢-霍去病

舅舅說得對！我們報名了5位，人數
也是最多的。

東漢-鄧禹

而且5位都是帝中之秀，優秀！

✐ 兩漢加起來400多年，時
　長接近中國帝制時代的
　20%。

✐ 衛青和霍去病是漢武帝時
　的雙子星，衛青是霍去病
　的舅舅，兩人都是驍勇善
　戰對抗匈奴的名將。

李靖是大唐的戰神，也是唐軍的教父。他的後輩弟子名將無數，優秀的學生就有李勣（徐茂公）、蘇定方、侯君集三人，蘇定方又有再傳弟子裴行儉，他們五個人都是名將中的佼佼者。

唐太宗曾讓李靖教侯君集兵法，結果侯君集到唐太宗面前告了一狀，說李靖將反，因為每次到精微之處，李靖就不往下教了。李靖卻說：「其實是侯君集想要謀反。如今中原安定，我所教他的兵法，足以安制四夷。如今侯君集求學盡臣的兵法，是他將有異志啊。」後來，侯君集果然與太子李承乾謀反。

唐-李靖

呃……報名的17位都是帝中之秀好嗎？🤔

我覺得想要位列管理員，要嘛文治武功排進前三，比如我朝太宗皇帝；要嘛和其他人有足夠的差異，比如唯一的女帝則天皇帝。

唐-李勣

哈哈哈哈，老師說得太棒了，所以我大唐才應該是最大贏家。

唐-蘇定方

屬害了我的老師！👍👍👍

唐-裴行儉

屬害了我的師公！🐮🐮🐮

唐-侯君集

屬害了我的老師！👍👍👍

唐-李靖

你小子就別叫我老師了，謝謝！@唐-侯君集

明-徐達

大哥打架，我們就靜靜地看。

明-湯和

大哥打架，我們就靜靜地看。

西漢-周勃

呵呵，一個王朝居然讓一個女人當政，你們還好意思讓她當管理員？

周勃是西漢開國功臣，被封絳侯，在呂后死後，和陳平等人一起鏟除了呂后的勢力。周亞夫是周勃的兒子，平定了漢景帝時期的七國之亂。

西漢-周亞夫

就是說啊，老爹反擊得好！👍

西漢-衛青

絳侯反擊得好！👍

西漢-衛青

論文治武功，我姊夫也能排進前三！

漢武帝劉徹和衛青兩者互為姊夫（劉娶了衛的姊姊，衛也娶了劉的姊姊）。

唐-李勣

樓上的，你們朝不也有個呂后嗎？

漢朝的呂后和唐朝的武則天被並稱呂武。

東漢-鄧禹

說到文治，我們大漢有文景之治和光武中興。

唐-蘇定方

嘿嘿，我們大唐有家喻戶曉的貞觀之治和開元盛世。

西漢-霍去病

我們大漢名將如雲，既有封狼居胥，又有燕然勒石，聽說成為了後世武將的最高軍功之一。🏆

西漢時，霍去病北擊匈奴，在狼居胥山舉行祭天封禮，然後繼續追擊匈奴，一直追到貝加爾湖才收兵。從此，封狼居胥成了歷代兵家最高的人生追求之一。到了東漢，竇憲大敗北匈奴，封燕然山，勒石記功，史稱「燕然勒石」。從影響力來說，霍去病的封狼居胥比竇憲的燕然勒石要大很多。

東漢-竇憲

抱霍將軍大腿，封狼居胥堪稱武將界的奧斯卡。🏆

後世2000多年中達成這項成就的人寥寥無幾，有唐代的李靖、明代的藍玉和朱棣。藍玉後來被朱元璋所殺，藍玉案是明初四大案之一。

此外，南朝宋文帝劉義隆則是因為辛棄疾的一首詞，成為衝擊封狼居胥最著名的失敗者之一，裡面有一句「元嘉草草，封狼居胥，贏得倉皇北顧」。

明-徐達
北伐難，封狼居胥不易。

西漢-衛青
嘿嘿，不知道有多少武將達成了這項成就。

唐-李靖
在下不才，打突厥的時候曾經過狼居胥山，還捉了突厥可汗到長安跳舞。

明-常遇春
我老婆的弟弟也達成了這項成就。@藍玉

明-常遇春
噢，他好像沒在群組裡。

明-姚廣孝
我朝永樂帝在打北元的時候，也曾在狼居胥山祭告天地。

唐-秦叔寶
說什麼老婆的弟弟，直接說小舅子不就好了嗎？

西漢-衛青
看來解鎖這項成就的人不多呀！話說你小舅子為啥沒入群？@明-常遇春

明-常遇春
這個，我朝入群當啦啦隊的比較少，原因……不太方便說哈！

明朝武將很多，但因為被朱元璋大殺功臣，所以入群當應援團的很少。

封狼居胥這個話題讓霍去病很有面子。

管理員之武將應援團(66)

 西漢-霍去病
> 哈哈哈哈，我漢的文治武功都是頂尖。
> 身在大漢，與有榮焉！

 唐-李靖
>

 唐-李靖
> 我唐的文治武功也是頂尖好嗎？
> 「九天閶闔開宮殿，萬國衣冠拜冕
> 旒」，這盛唐意象你自己感受一下。

這段話出自唐代詩人王維
的詩，描寫了巔峰時期的
盛唐意象。

 西漢-周勃
> 可惜好景不長，一場安史之亂，就從顛
> 峰跌到谷底……

 西漢-周亞夫
> 首都長安還被人強占了好幾次……

 唐-郭子儀
>

安史之亂讓大唐從巔峰跌
到了谷底，安史之後的
100多年裡，唐首都長安
被攻陷過6次。

 唐-郭子儀
> 這正說明大唐的命有多硬好嗎？安史之亂
> 後還能堅持100多年……

唐-李光弼

沒錯，堅持才是王道！

唐-郭子儀

你們漢朝武人……怎麼會知道我朝歷史的？

唐-李勣

看來背後有高人指點啊！

一般來說，大家對本朝歷史有了解並不稀奇，但是漢朝武將對唐朝歷史很熟悉，實在是有點出乎意料……

漢朝並沒有理會唐朝人的疑問，繼續嘲諷唐朝人自詡生命力強硬這件事。

.ᵃᵢ   ∞ % 🔋

〈 管理員之武將應援團(66)   ⋯

東漢-鄧禹

王莽篡漢之後，光武帝再度開國中興大漢，這才是強大的生命力好嗎？

東漢-吳漢

是的，而且漢朝大部分時間都很強大。即使是東漢末年分三國，烽火連天不休， 依然完勝周邊地區。

東漢-吳漢

不好意思，剛剛差點唱出來！😑

東漢末年雖然分了三國，但實力依舊完勝周邊地區，比如曹操滅烏桓、諸葛亮南征。

這樣互諷下來，看起來漢朝似乎占了上風，姚廣孝繼續添油加醋。

各位漢將有點飄飄然了⋯⋯

西漢-樊噲
哈哈哈哈，搞不好我們大漢能拿下兩個名額啊！😂

 西漢-霍去病
必須擁有兩席，而且我姨父必定要在其列。💀

樊噲快人快語，霍去病年少不羈，無形之中把話說得太滿，這下就有點得罪唐朝人了，也讓其他朝代的人有些不快。

∞ % 🔋

< 管理員之武將應援團(66) ...

 唐-李靖
這有點太囂張了吧？完全不把其他朝代放在眼裡了。

 唐-李勣
+1

 唐-蘇定方
+1

 唐-秦叔寶
+10000

再加上前面被揭了安史之亂的傷疤，所以唐朝武將果斷祭出大殺器。

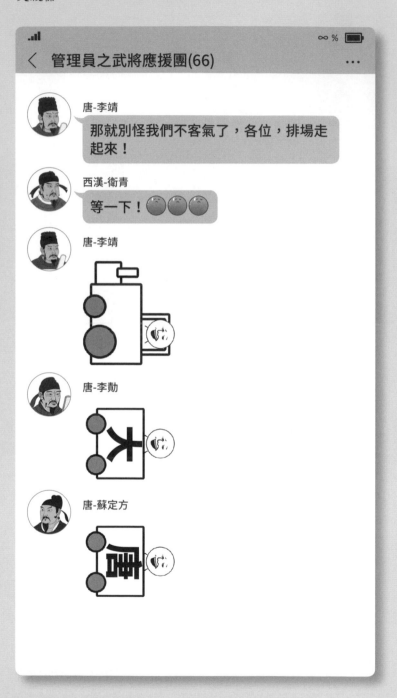

唐-裴行儉

唐-秦叔寶

唐-尉遲敬德

唐-侯君集

唐-郭子儀

唐-李光弼

衛青性格比較穩重，本來想阻止，但是已經來不及了。

而唐朝，也踩了漢朝的地雷……

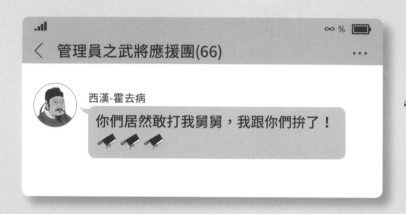

李敢曾因父親李廣之死把衛青打成重傷。霍去病得知李敢打了舅舅之後懷恨於心，於是在一次狩獵過程中，直接把李敢射殺了。

所以，看到舅舅被打，霍去病怒了，

跨馬提槍便殺向了唐人。

再加上姚廣孝等人的煽風點火，武將群的一場曠世大戰已是

不可避免……

風雲驟起，群內又豪傑雲集，

好好的應援團變成了是非地……

武將群和管理員競選將會走向何方呢？

廣 告 回 函
板橋郵政管理局登記證
板 橋 廣 字 第 143 號

郵資已付　免貼郵票

23141
新北市新店區民權路108-2號9樓
野人文化股份有限公司 收

野人

請沿線撕下對折寄回

野人

書號：0NEV0067

野人文化
讀者回函卡

書　名 _____

姓　名 _____ □女 □男　年齡

地　址 _____
_____

電　話 _____ 手機 _____

Email
_____
□同意 □不同意　　收到野人文化新書電子報

學　歷 □國中（含以下）□高中職　　□大專　　　□研究所以上
職　業 □生產/製造　□金融/商業　□傳播/廣告　□軍警/公務員
　　　 □教育/文化　□旅遊/運輸　□醫療/保健　□仲介/服務
　　　 □學生　　　□自由/家管　□其他

◆你從何處知道此書？
　□書店：名稱 _____　　□網路：名稱 _____
　□量販店：名稱 _____　　□其他 _____

◆你以何種方式購買本書？
　□誠品書店　□誠品網路書店　□金石堂書店　□金石堂網路書店
　□博客來網路書店　□其他 _____

◆你的閱讀習慣：
　□親子教養　□文學 □翻譯小說 □日文小說 □華文小說 □藝術設計
　□人文社科　□自然科學　□商業理財　□宗教哲學　□心理勵志
　□休閒生活（旅遊、瘦身、美容、園藝等）　□手工藝／DIY　□飲食／食譜
　□健康養生 □兩性 □圖文書／漫畫 □其他 _____

◆你對本書的評價：（請填代號，1. 非常滿意　2. 滿意　3. 尚可　4. 待改進）
　書名 _____ 封面設計 _____ 版面編排 _____ 印刷 _____ 內容 _____
　整體評價 _____

◆你對本書的建議：
_____
_____
_____
_____

野人文化部落格 http://yeren.pixnet.net/blog
野人文化粉絲專頁 http://www.facebook.com/yerenpublish